Nathalie Coste-Cerdan
Alain Le Diberder

# LA TÉLÉVISION

*nouvelle édition*

Éditions La Découverte
1, place Paul-Painlevé, Paris Vᵉ
1991

© Éditions La Découverte, Paris, 1986, 1991
ISBN 2-7071-1645-9

# Introduction

La télévision, comme la radio et les bombardements aériens, est une invention de l'entre-deux-guerres. Il y a plus de cinquante ans en effet qu'est apparue la première image, vacillante, d'une speakerine, sur un grossier écran sphérique. Fille des recherches en matière de télécommunications, la télévision mettra à peine dix ans pour passer des tâtonnements de laboratoire (en Europe et aux États-Unis) à un début de réalité industrielle. Dès la fin des années trente, les grands groupes de l'électronique (RCA, Telefunken, Marconi, Ducretet...) s'intéressent à ce marché potentiel, qui au départ ne semble pas pouvoir être autre chose qu'un complément très haut de gamme de celui de la radio.

Pourtant, dès la fin de la guerre, les choses vont très vite : l'équipement des ménages démarre de façon foudroyante, aux États-Unis dès le courant de l'année 1947, et avec un an et demi de retard en Grande-Bretagne. En 1951, il y a 10 téléviseurs pour 100 habitants aux États-Unis et 3 pour 100 en Grande-Bretagne. L'Europe continentale ne connaîtra ce niveau que huit ans plus tard. L'expansion géographique est rapide : en cette même année 1951 la télévision commence à fonctionner jusque dans des pays pauvres comme Cuba (1950), le Brésil ou le Mexique (1951).

Dans les zones développées, le schéma de diffusion de la télévision va être représenté par une classique « courbe en S ». Mais, à la différence de ce qui se passera ensuite pour le téléviseur couleur ou le magnétoscope, le décollage de la courbe sera quasi vertical. Cela tient à des conditions socio-économiques particulièrement favorables : les salaires ouvriers sont élevés, la classe moyenne nombreuse et les disparités de revenus réduites.

Le développement des systèmes télévisuels nationaux emprunte les voies d'un modèle central d'origine nord-américaine qui fait de la télévision le média d'une classe moyenne imprécise mais massive. Les variantes de ce modèle ont épousé les contours des structures sociales et politiques de chaque zone. Ainsi, les pays les plus urbanisés de l'Europe du Nord vont démarrer plus vite que les pays encore très ruraux de l'Europe du Sud. On retrouve ces différences à l'intérieur des régions françaises. En 1962, le taux d'équipement des ménages était de l'ordre de 35 % dans le Nord et le Pas-de-Calais, et de 25 % dans le Rhône et la Région parisienne, mais il ne dépassait pas 12 % dans tout le Sud-Ouest, voire 5 % en Bretagne.

Produit très tôt assuré d'un destin de produit de masse, le téléviseur a rapidement eu plusieurs arguments favorables à sa diffusion : faible encombrement (les postes portables apparaissent suivant les marchés entre 1958 et 1966), fiabilité (des durées de vie de plus de dix ans sont courantes) et faible prix. En 1991, un téléviseur noir et blanc coûte en Europe moins d'une semaine de salaire minimal, contre plusieurs mois en 1960.

Ainsi, trente ans à peine après ses premiers balbutiements, la télévision est devenue le premier marché de l'électronique grand public, le plus puissant des supports publicitaires, la pratique culturelle numéro un, et un instrument de régulation sociale parfois surestimé mais sans aucun doute essentiel, et ce, dans tous les pays occidentaux.

Malgré le caractère universel de son succès, la télévision ne s'est pourtant pas développée partout à l'identique. En portant le regard au-delà des frontières, on découvre qu'il n'y a pas une façon de gérer une chaîne de télévision, mais plusieurs.

Le premier objectif de cet ouvrage est d'attirer l'attention du téléspectateur, souvent victime d'un réflexe hexagonal, sur les différents modèles socio-économiques de développement de la télévision, parmi lesquels les voies européenne et américaine prédominent. Leur description permet de mieux comprendre les enjeux des privatisations et les arguments de leurs détracteurs.

Mais cet ouvrage est aussi une tentative de « banalisation » de la télévision. La « télé », comme Hollywood dans les années cinquante, est un univers de mythe, soigneusement entretenu par le pouvoir politique qui l'utilise, les sportifs qui en profitent, la presse spécialisée qui en vit... Aussi ne faut-il pas s'étonner que le téléspectateur ait une image un peu faussée de l'économie de ce média, et qu'il imagine la télévision comme un gigantesque plateau peuplé de vedettes, de producteurs à gros cigares et de milliardaires...

Or, à de nombreux égards, une chaîne de télévision est une entreprise comme les autres, même si généralement elle ne dévoile ses coulisses que pour mieux éblouir. Derrière les strass et les projecteurs vivent des entreprises moyennes avec leurs ouvriers et leurs employés (plus du quart des effectifs). Elles ont leur trésorerie et des conflits sociaux.

On découvrira dans ce livre que la télévision combine des « facteurs de production », achète des « consommations intermédiaires » sur le marché et vend sa production. Le secteur comporte ses canards boiteux et ses *success stories*. Les uns et les autres sont redevables d'une analyse économique qui ne livre, bien sûr, pas toute la vérité, mais souvent l'essentiel.

Enfin, il fallait prendre en compte les profondes mutations qui traversent le secteur : les frontières entre les modèles s'estompent, tous semblant se rallier sous la bannière yankee ; de nouvelles technologies vouées à des avenirs inégalement radieux apparaissent ; la télévision elle-même voit son rôle économique et social se modifier.

Nous terminerons ce livre en évoquant l'évolution de ce média : combien de temps durera l'hégémonie télévisuelle, et qu'est-ce qui lui succédera ?

# I / Les systèmes télévisuels

La télévision trône dans la pièce principale du foyer de plus d'un milliard et demi d'êtres humains. Les images qui défilent sur le petit écran sont désormais familières. Mais qu'y a-t-il derrière cette étrange lucarne ?

## 1. Le système technique

Le graphique suivant représente la succession d'étapes par lesquelles transite l'image, de sa production à sa consommation. On peut distinguer trois étapes, en partant du téléspectateur : le terminal, le réseau et le centre de production.

Le terminal, c'est-à-dire le téléviseur, assure *grosso modo* deux fonctions. La première, celle de saisir des informations, en l'occurrence un signal électrique codé, a pour organe principal un ampli-tuner, analogue dans son principe à celui d'une chaîne hi-fi. Il s'agit de recevoir des signaux, de les sélectionner, de les amplifier, de les traiter et de permettre d'en choisir certains, par exemple avec un boîtier de télécommande.

L'autre fonction consiste à transformer ces signaux, une fois traités et triés, en quelque chose d'agréable à l'œil et à l'oreille du téléspectateur. C'est ce que font l'écran et le haut-parleur. On trouve dans le commerce des appareils qui

GRAPHIQUE 1. — LE TUBE TÉLÉVISUEL

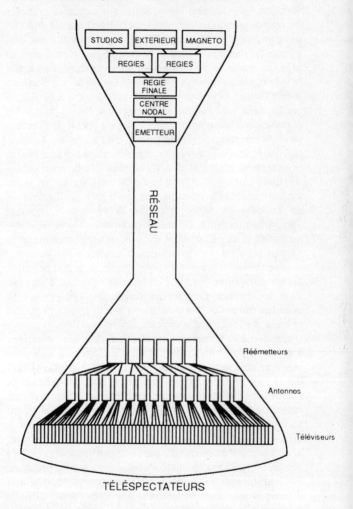

STUDIOS EXTERIEUR MAGNETO

REGIES REGIES

REGIE FINALE

CENTRE NODAL

EMETTEUR

RÉSEAU

Réémetteurs

Antennes

Téléviseurs

TÉLÉSPECTATEURS

ressemblent à des téléviseurs mais qui n'ont que cette seconde fonction, les moniteurs vidéo, dont on se sert pour brancher un micro-ordinateur domestique. Un téléviseur est donc un moniteur doté d'un tuner. Dans la quasi-totalité des cas, l'écran est l'extrémité d'un tube cathodique, c'est-à-dire un gros entonnoir de verre épais à l'intérieur duquel on a fait le vide et placé un canon à électrons. Ce faisceau d'électrons forme l'image en venant exciter un revêtement spécial disposé sur la surface de l'écran. Cependant des firmes japonaises commencent à commercialiser, depuis 1984, des écrans utilisant une technologie différente, soit les cristaux liquides, soit les écrans à gaz (encore expérimentaux) dont l'intérêt principal est pour l'instant d'autoriser des tailles d'écrans dans une gamme plus vaste que celle couverte par les tubes cathodiques. On a pu ainsi voir apparaître, à l'Exposition de Tsukuba au Japon, plusieurs écrans géants, dont le *Jumbotron* de Sony. De même commencent à se répandre au Japon et aux États-Unis des montres-télévisions dont le format est celui d'un grand timbre-poste.

Si le téléviseur est souvent bien connu dans son principe, tout se complique dès que l'on tente de remonter d'un cran dans le système. De l'arrière du poste s'échappe un fil d'Ariane (un petit câble coaxial) qui le relie au labyrinthe des réseaux de télécommunications. En remontant, on trouve successivement : une antenne de réception hertzienne (un « rateau »), des ondes hertziennes analogues à celles qui acheminent la radio — la bande ultra haute fréquence (UHF) des télévisions n'est pas très loin de la bande modulation de fréquence (FM-radio) —, un émetteur local, et enfin un réseau de transmission fait de faisceaux hertziens, qui relient les émetteurs locaux au point de départ des images, c'est-à-dire en principe le nodal d'une station de télévision. L'architecture de ce réseau, bien que peu familière, est très simple : les signaux circulent à sens unique (enfin, presque), ils empruntent d'abord des autoroutes hertziennes directionnelles (les « faisceaux »), puis sont diffusés localement et reçus directement par les usagers, qui disposent à cet effet d'un mini-réseau câblé (celui qui relie leur téléviseur à l'antenne). Pour acheminer un signal de télévision, on va donc utiliser un réseau qui comprend deux segments, la transmission à longue distance, puis la diffusion ou distribution locale. Or, depuis le début, il existe deux technologies qui peuvent remplir ces deux fonctions : le câble et la transmission hertzienne terrestre. Depuis vingt ans, il y en a même une troisième, le satellite de communication (*Early Bird* a été lancé en 1965), qui a fait ses preuves en matière de transmission et qui commence depuis quelques années, aux États-Unis, au Canada, dans les îles Caraïbes, a être utilisée pour la réception directe. En Europe, le satellite ASTRA distribue 16 chaînes sur la Grande-Bretagne, la Scandinavie et la RFA. A long terme, les techniques de réception directe devraient venir compléter, malgré les déboires actuels de TDF1-2, les modes de réception de la télévision.

Ce segment intermédiaire du système technique de la télévision, celui du transport du signal, peut donc avoir les configurations présentées dans le tableau I.

Enfin le troisième pôle du système technique de la télévision est constitué par le centre de production. Ce terme vague est utilisé à dessein. Dans le cas le plus fréquent, on a simplement une station de télévision. Et, en effet, à un moment donné, il y a forcément un point d'émission et un seul. Mais, dans une même « émission » de télévision, il peut y en avoir plusieurs qui se succèdent. C'est le cas notamment pour les programmes de sport comprenant du direct. La station de télévision diffuse des images qui sont d'origines très différentes : certaines sont produites par elle, sur place (le cas le plus simple est celui de la speakerine) ou à l'extérieur (retransmission). Elles peuvent être diffusées en direct ou mises en conserve sur un magnétoscope et diffusées ensuite. Généralement, la chaîne de télévision ne fait qu'utiliser des programmes qui ont été produits par d'autres. C'est le cas en particulier des films de cinéma, des séries, des feuilletons, des téléfilms ou des dessins animés. En effet, le rôle principal d'une chaîne de télévision est d'assembler des programmes pour constituer une grille. Cette grille n'est réellement constituée qu'au point de sortie de la station, la régie finale, qui va envoyer le produit final, par câble, jusqu'à un premier émetteur.

TABLEAU I. — MODES DE MISE À DISPOSITION
DES ÉMISSIONS TÉLÉVISUELLES

| | | TRANSMISSION FINALE | | |
|---|---|---|---|---|
| | *Exemples* | HERTZIEN (diffusion) | CÂBLE (distribution) | SATELLITE (réception directe) |
| TRANSMISSION À LONGUE DISTANCE | *Faisceaux hertziens* | Cas le plus fréquent, en RFA, Grande-Bretagne, France | RTL est acheminée en Belgique par faisceaux, et distribuée par câble. | Sans objet. |
| | *Câble* | Cas le plus fréquent pour les *networks* américains (CBS, NBC, ABC). | Distribution des *networks* sur le câble aux États-Unis. | Sans objet. |
| | *Satellites* | La 5, en France, a adopté cette solution (satellite *Télécom 1*). | Chaînes thématiques américaines, TV 5 en Europe. | Chaînes sur *TDF 1*, |

*NB :* à noter qu'en toute rigueur, dans le cas d'une réception directe par satellite, la distinction entre transmission et diffusion n'a plus de sens. De même, à l'exception du cas des postes de télévision portatifs avec antenne incorporée, il y a toujours un segment final où l'on utilise un câble.

Pour clore cette très brève présentation des aspects techniques de la télévision, il est utile de présenter deux notions d'usages fréquents : les standards et les normes. Les standards désignent la façon dont est codé le signal télévision couleur. On devrait dire les signaux, puisqu'une « image » de télévision est composée de trois ensembles d'informations : le son (en FM dans certains pays, en modulation d'amplitude en France), l'image noir et blanc (signal de luminance) et les couleurs (signal de chrominance). Le monde se partage en trois types de standards : le plus répandu est le PAL (d'origine allemande), celui qui concerne les marchés les plus intéressants est le NTSC (d'origine américaine), enfin vient le SECAM (d'origine française). Ces trois standards, élaborés dans l'adolescence de la télévision, devraient être

TABLEAU II. — LES SYSTÈMES DE TÉLÉVISION
DANS LE MONDE

| Systèmes | PAL | SECAM | NTSC |
|---|---|---|---|
| Pays | | | |
| ÉTATS-UNIS | | | × |
| CANADA | | | × |
| AMÉRIQUE DU SUD | | | |
| Venezuela | | | × |
| Colombie | | | × |
| Pérou | | | × |
| Brésil | × | | |
| ASIE | | | |
| Chine | × | | |
| Inde | × | | |
| Japon | | | × |
| AFRIQUE | | | |
| Algérie | × | | |
| Afrique du Sud | × | | |
| Libye | | × | |
| Égypte | | × | |
| Arabie Saoudite | | × | |
| Australie | × | | |
| URSS | | × | |
| EUROPE | | | |
| France | | × | |
| Espagne | × | | |
| Royaume-Uni | × | | |
| Suède | × | | |
| Norvège | × | | |
| Italie | × | | |

remplacés par un standard mondial plus performant, offrant une image de bien meilleure qualité que les 525 lignes du NTSC ou les 625 du SECAM ou du PAL, et un son hi-fi. Cependant, le poids du parc mondial de téléviseurs et d'équipements professionnels est tel qu'il y a fort à parier qu'ils seront encore largement utilisés en l'an 2000. De nombreux spécialistes font en effet observer qu'il y a encore beaucoup à espérer de la « simple » amélioration des récepteurs (son stéréo, écran amélioré, voire traitement numérique local) ou des conditions de transport de l'image. Signalons en outre que, contrairement à une légende tenace, le son actuel de la télévision est de très bonne qualité, assez proche de celui des radios FM bien que le plus souvent mono. Il est en tout cas meilleur que celui des salles de cinéma non équipées en dolby lorsqu'on dispose d'un bon haut-parleur sur son téléviseur.

Alors que les « standards » interviennent dès la production de l'image (il y a ainsi des caméras PAL, SECAM ou NTSC avec là encore deux variantes), les « normes » ne concernent que la transmission. Ainsi le PAL britannique (norme I) n'est pas transmis de la même façon que les PAL continentaux (normes BG). Il existe aussi plusieurs variétés de SECAM : L, L', K. Tout cela ne nous intéressera ici que pour une conséquence économique importante : le choix d'un standard (ou, plus souvent, d'une norme) différent de celui du pays voisin est une mesure protectionniste efficace. Au moins tant que les téléviseurs multistandards, très prisés des frontaliers, restent l'exception.

## 2. Le système économique

La télévision est une filière organisée schématiquement autour de deux marchés.

• *En aval, le marché primaire* est le lieu d'échange entre les diffuseurs et les consommateurs de télévision, les téléspectateurs. En contrepartie d'une redevance, ou d'un abonnement, le téléspectateur peut accéder à des images ordonnées dans une grille de programmation.

• *En amont, un marché secondaire* met en jeu les mêmes diffuseurs et programmateurs, au centre du système, et les producteurs de programmes, originaux ou d'occasion, de flux ou de stock — nous y reviendrons — qui composeront la grille.

Comme l'indique le schéma du système télévisuel, cette filière fait intervenir une multiplicité d'acteurs (chaînes, réseaux, régies, agences, etc.). Elle leur attribue un rôle précis dans une division du travail poussée, définie aux États-Unis dès les années cinquante.

• *La chaîne* de télévision acquiert les droits de diffusion de certains programmes. Elle les agence en une grille, et les « habille » : *spots, jingles*, génériques, interludes. Une deuxième fonction, qu'il faut bien séparer de la première, consiste à produire en particulier des émissions d'information et des jeux. Cette deuxième fonction n'est pas indispensable. On trouve dans le monde de nombreux exemples de chaînes qui ne produisent pratiquement rien. Nous verrons plus loin que dans de multiples cas la notion européenne de « chaîne » n'est pas adéquate, et qu'il faut lui préférer deux autres notions complémentaires : le réseau et la station.

• *Les régies publicitaires*, chargées de vendre l'espace publicitaire des chaînes de télévision, indépendantes ou intégrées, fonctionnent en étroite interaction avec les programmateurs, dont elles cherchent parfois à infléchir les orientations de programmation.

• *Les agences de publicité*, qui sont les interlocuteurs directs des annonceurs qu'elles conseillent pour leur « média-planning ».

• *Les instituts de sondage*, qui par des moyens variés (entretiens téléphoniques, panel postal, audimètres, boîtiers placés sous les téléviseurs qui enregistrent tout changement de chaîne) mesurent l'audience pour l'ensemble des partenaires.

• *Les producteurs audiovisuels* sont un ensemble hétéroclite de grosses entreprises (les majors de Hollywood ou la SFP, en France) et de toutes petites sociétés, souvent éphémères, constituées à l'occasion de la commande d'un spot de télévision, d'un vidéo-clip ou d'un jeu. En France, le téléspectateur patient peut voir apparaître leur nom à la dernière ligne du générique : Télé-Images, Télécip, Hamster.

GRAPHIQUE 2. — LES ACTEURS DU SYSTÈME TÉLÉVISUEL

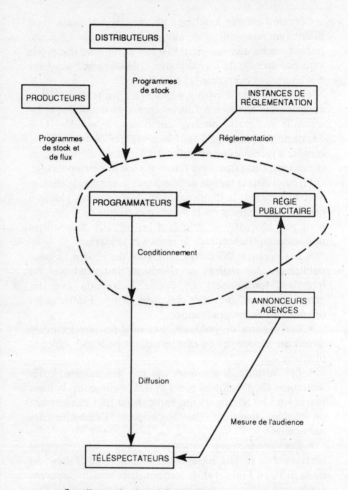

— — — Zone d'intervention d'une chaîne de télévision

• *Les distributeurs* sont les acteurs les moins connus et parfois les plus puissants du système. Ce sont des intermédiaires entre les producteurs de programmes et les chaînes. Ils constituent des catalogues de droits de diffusion et les vendent, le plus souvent par lots. Ce sont les grossistes de l'audiovisuel.

Tous ces acteurs forment ce qu'on appelle une filière, qui se compose de différentes strates économiques et technologiques qui se succèdent dans la transformation de la « matière première » au produit final. Une question importante demeure pourtant : si la télévision doit être considérée comme un système économique, qu'est-ce qui en constitue la marchandise, qu'est-ce qu'elle vend ?

*Les trois marchandises du système télévisuel*

Il n'est pas possible de proposer une seule réponse à cette question, mais trois : les télévisions commerciales classiques (ITV en Grande-Bretagne ou les stations de Silvio Berlusconi en Italie) produisent... l'audience des téléspectateurs et la vendent à des annonceurs publicitaires. En toute logique, leur « production », c'est du temps.

Les télévisions à péage (Canal Plus en France, HBO aux États-Unis) vendent un service à leurs abonnés, de la distraction, un peu comme un magazine.

Enfin, les chaînes publiques sans publicité (la BBC, par exemple) ne vendent en apparence rien. Elles produisent un service public assuré d'un financement collectif, et sont de plus en plus souvent (en France, en Italie, en République fédérale d'Allemagne) des organismes hybrides qui dépendent parfois largement (à 50 % pour Antenne 2) de la publicité. D'une manière indirecte leur survie dépend bien de leur audience.

Ainsi la véritable ligne de partage ne passe pas entre les chaînes publiques et les chaînes privées, mais entre les chaînes qui produisent (et détruisent) du temps, à vendre aux annonceurs et celles qui vendent un service à leurs abonnés. On verra à la fin de cet ouvrage que cette distinction fondamentale est destinée à s'approfondir encore.

# II / Le modèle américain
## ou l'économie des réseaux

Les systèmes télévisuels sont très différents d'un pays à l'autre. Aussi il est toujours réducteur d'en réunir certains dans un « modèle » quelconque. Pourtant, au-delà des différences de détail, ce qui distingue le plus un pays d'un autre, c'est le couple « degré de développement-rôle du secteur public ». Les trois pays que nous regroupons ici (États-Unis, Canada, Japon) se caractérisent par un système télévisuel très développé (plus de six chaînes, diversification des opérateurs, existence de satellites), dans lequel le secteur public est minoritaire.

### 1. Les traits généraux du modèle

À l'exception du service public japonais (les deux chaînes de la NHK), *les chaînes de ces pays sont organisées en réseaux* (on utilise souvent le terme anglo-saxon de *network* [1]). Concrètement, cela signifie que les stations locales affiliées à ces réseaux diffusent des programmes qui la plupart du temps (en moyenne 65 % du temps d'antenne) proviennent de la tête de réseau (les films, les feuilletons, les

---

1. Nous préférons utiliser, dans le cours de cet ouvrage, les termes techniques de la profession — *networks* au lieu de réseaux. On retrouvera dans le glossaire la définition des expressions spécifiques au secteur étudié.

retransmissions sportives, l'information non locale). Le reste des programmes est soit local (météo, informations locales, débats), soit acheté à d'autres fournisseurs.

En France, un téléspectateur de Nice voit sur les grandes chaînes (TF1, Antenne 2, FR3 en soirée) la même chose, en même temps, qu'un téléspectateur de Paris. Il n'en va généralement pas ainsi dans le cas de ces trois pays. D'abord, en Amérique du Nord, pour des raisons de décalage horaire : entre Vancouver et Montréal, comme entre New York et Los Angeles, il y a trois heures d'écart. Le journal de début de soirée a lieu sur la côte Est alors que la côte Ouest travaille encore. Mais ce n'est pas la seule raison : à la différence des organisations intégrées d'Europe (mais il y a aussi des « réseaux » en Europe, publics ou privés), les chaînes distinguent soigneusement les fonctions de diffusion locale (la station), de fourniture en programmes (le réseau) et de production des programmes (le plus souvent réalisés par des entreprises extérieures). À ce titre, les diffuseurs locaux disposent d'une certaine autonomie de programmation, et les différences ne s'expliquent pas uniquement par des considérations techniques ou géographiques. Le tableau III montre ce que peuvent diffuser trois stations affiliées au *network* TBS (*Tokyo Broadcasting System*) au Japon, à Tokyo, Osaka et Nagoya, en soirée.

La concurrence s'exerce donc à deux niveaux : à l'échelon national, entre les *networks*, et à l'échelon local entre les stations. De ce fait, la situation diffère beaucoup selon les endroits : on trouve ainsi plus de 15 stations hertziennes à New York ou à Los Angeles, plus de 7 à Tokyo. Mais dans des portions entières du Japon ou de l'Amérique du Nord, on ne capte qu'une ou deux chaînes. En 1988, 10 % des foyers américains ne pouvaient capter que moins de 5 stations de télévision, avec une antenne hertzienne classique.

*Les* networks : *une organisation qui maximise les ressources*

Comme ces stations et ces *networks* tirent la quasi-totalité de leurs ressources de la publicité, ils doivent convaincre les annonceurs d'acheter leur temps d'antenne, c'est-à-dire

TABLEAU III. — LES PROGRAMMES D'UN *NETWORK*
AU JAPON

| 15 mai 1985 | Programmes sur 3 stations du réseau TBS | | |
|---|---|---|---|
| Ville | Tokyo | Osaka | Nagoya |
| Station | TBS | MBS | CBC |
| 18 h 30 19 h 20 | Informations locales | Informations locales | Informations locales |
| 20 h | Jeu *(Quiz)* | | |
| 20 h 54 | Téléfilm *(Samurai drama)* | | |
| 21 h | Informations | | |
| 22 h 54 | Film américain : *Convoy* | | |
| 23 h 35 | Informations (sport et météo) | | |
| | Informations | Téléfilm *(Suspense drama)* | Téléfilm |
| | Variétés | | |
| 1 h 30 | Météo | | Tennis |

vendre leur audience. Pour cela il faut d'une part maximiser cette audience et, d'autre part, la mesurer. Ces questions seront traitées plus en détail par la suite, mais il faut préciser dès à présent une des règles d'or de la programmation de tels systèmes : *un bon programme n'est pas celui qui attire le plus, mais celui qui repousse le moins*. Mieux vaut 5 millions de téléspectateurs tièdes, qui ne sont là que parce qu'« il n'y a rien ailleurs », que 3 millions de passionnés. Cela explique l'image généralement très mauvaise qu'ont ces réseaux auprès des intellectuels et d'une manière générale auprès de ceux qui, pour une raison ou pour une autre, ne se reconnaissent pas dans l'image qu'ils donnent de la « population moyenne ». Les réseaux nivellent par le bas, les réseaux sont l'opium du peuple, les réseaux sont le chewing-gum des yeux. Sans doute. Mais leurs méthodes de programmation « cyniques » leur assurent depuis trente ans une énorme audience, un plébiscite renouvelé quotidiennement à l'échelle d'un continent.

Leur succès repose, plus que sur quelques recettes de programmation ou sur l'hypnose des téléspectateurs, sur des principes d'organisation qui ne sont pas propres à la télévision. Une bonne comparaison est celle que l'on peut faire avec le commerce d'alimentation. Les réseaux sont un peu comme les chaînes de supermarchés à succursales. Une division du travail poussée à l'intérieur du système fait que chacun peut se consacrer à la tâche qu'il est le mieux à même de remplir. Le gérant d'une succursale peut passer le temps qu'il ne dépense pas à rechercher les meilleurs produits à mieux connaître sa clientèle locale, à tenir compte de ses goûts particuliers dans l'agencement des rayons. Le centre, débarrassé du souci de gérer des caisses-enregistreuses et de nettoyer les allées des magasins, peut se spécialiser dans l'approvisionnement et concentrer ses efforts sur les succursales qui ont des difficultés. On bénéficie ainsi d'un effet d'échelle tout en préservant une souplesse de gestion en déléguant les tâches spécialisées au bon niveau. Rien de tel dans une chaîne intégrée à l'européenne : on y est à la fois loin du consommateur final et asphyxié par une multiplicité de tâches souvent mal définies.

CBC ou CTV au Canada, CBS, ABC ou NBC aux États-Unis, Asahi, Tokyo Broadcasting System ou Fuji au Japon fonctionnent ainsi. Sous des formes moins pures on retrouve des fonctionnements en pseudo-réseau au Mexique (Televisa), au Brésil (Rede Globo), en Grande-Bretagne (ITV), en République fédérale d'Allemagne (ARD), en Union soviétique ou en France (FR3). Mais dans ces cas il manque au dispositif un point essentiel : l'indépendance juridique des stations affiliées et du réseau. Une station ITV ou ARD, une station régionale de FR3, une station publique nord-américaine ou soviétique, et même les stations « O and O » (*owned and operated*, c'est-à-dire propriété du réseau) américaines ou japonaises, n'ont pas la possibilité de quitter leur réseau si elles jugent le service rendu peu performant. On se trouve alors dans un cas intermédiaire entre la chaîne intégrée et le réseau au sens strict. De même les « réseaux » de Berlusconi en Italie, ou les réseaux argentins ou du Sud-Est asiatique sont des formes hybrides. Il s'agit plus d'une forme de gestion « déconcentrée » que d'une véritable structure décentralisée.

Ce qui conduit à retenir telle ou telle structure, c'est la conjonction de deux facteurs. L'un, géographique, est lié à la taille et à l'unité culturelle du pays. Les pays géants (Union soviétique, Canada, États-Unis, Chine, Inde, Brésil, Australie), on l'a vu, n'auraient de toute manière pas la possibilité technique ou linguistique d'avoir des chaînes intégrées. À l'inverse, les tout petits pays n'ont pas celle de développer des réseaux. Même dans le cas de fractures linguistiques, comme en Belgique, on a recours à plusieurs chaînes intégrées. Cependant le facteur essentiel, la plupart du temps, relève de la réglementation. Ce sont ainsi des facteurs historiques et sociaux plus qu'un déterminisme naturel qui définissent l'architecture des systèmes télévisuels.

La télévision allemande doit ainsi sa structure décentralisée en grande partie à la volonté des Alliés de briser l'unité allemande. Aux États-Unis, la *Federal Commission of Communications* (FCC) a longtemps interdit aux réseaux de posséder plus de cinq stations « O and O », ce qui ne les empêche pas, en situant leurs « O and O » aux bons endroits, de desservir directement une population comparable à celle de la France. En Italie, la décision de 1976 mettant un terme au monopole de fait de la RAI n'a rendu légalement possibles que les stations locales non interconnectées. Les pseudo-réseaux privés sont ainsi approvisionnés par cassettes vidéo. On pourrait multiplier les exemples, mais ils illustreraient tous la même idée : *l'architecture d'un système télévisuel résulte d'un nombre élevé d'arbitrages entre des soucis contradictoires*. La tendance naturelle d'un réseau est d'acheter ses affiliées. La tendance naturelle d'une station est de pouvoir vendre, cher et souvent, sa dépendance, temporaire, à un réseau. Le souhait des téléspectateurs est d'avoir le maximum de choix, et donc de diversité. Leur comportement dans les faits, c'est de regarder toujours les mêmes choses. Ce qui est bon pour le système audiovisuel, cette abstraction, ne l'est pas forcément pour les pouvoirs publics ou pour la presse écrite. Et ainsi de suite.

Ainsi, il n'existe pas d'ordre naturel de la télévision. Mais il faut bien remarquer que l'ordre des réseaux, là où il est économiquement envisageable, est le compromis qui maximise les ressources de la télévision.

## 2. Trois molochs aux pieds d'argile

Les trois *networks*, CBS, NBC, ABC, se partageaient traditionnellement (c'est-à-dire jusqu'au milieu des années quatre-vingt) 90 % de l'audience et du marché publicitaire américain. En 1988, ils ne recueillaient plus que 70 % de l'audience totale, qui plus est en régression légère, les 30 % restants se répartissant entre chaînes thématiques distribuées par câble, stations indépendantes et un « outsider » performant, Ruppert Murdoch qui, en un peu plus de cinq ans, a conquis avec Fox, le quatrième réseau, 10 % de l'audience. La montée des coûts et les soubresauts du marché publicitaire ont aggravé leur situation. Conséquence : les trois puissants réseaux, berceaux des lois du *broadcasting* commercial, ne symbolisent plus aux yeux du monde la puissance de l'Amérique. Leurs soldes d'exploitation n'ont plus guère de quoi faire pâmer la presse financière ; en 1986-1987, la récession les a touchés de plein fouet et les a contraints, sous la férule de gestionnaires sans pitié tels que Laurence Tish, alors aux commandes de CBS, à licencier une partie non négligeable de leur personnel.

Les années 1988-1989 ont même été marquées par les menaces d'OPA sur le capital de CBS, dont la division disques est passée sous la coupe de Sony, la revente par Capital Cities d'ABC, autant d'opérations qui ont définitivement enterré le mythe de l'Eldorado américain et commencé à semer des doutes sur la rentabilité de la télévision commerciale.

| Chaînes | Pays | Audience* en 1988 | Budget [2] 1988 Milliards de francs |
|---|---|---|---|
| CTV [1] ............. | URSS | 259 | — |
| CCTV ............. | Chine | 235 | — |
| NBC ............. | États-Unis | 216 | 32 [2] |
| ABC ............. | États-Unis | 183 | 30 [2] |
| CBS ............. | États-Unis | 183 | 28 [2] |
| Teve Globo .......... | Brésil | 165 | 3,8 |
| ITV ............. | Grande-Bretagne | 70 | 10 |
| BBC 1 ............. | Grande-Bretagne | 67 | 4,7 |
| Fugi TV ............. | Japon | 63,9 | — |
| NHK ............. | Japon | 60,7 | 15,5 |
| TF1 ............. | France | 53,5 | 5,09 |
| RTVE 1 ............. | Espagne | 51 | 3,5 |
| ARD ............. | Allemagne | 43,3 | 20 |
| ZDF ............. | Allemagne | 39,9 | 5,6 |

\* En millions d'heures/téléspectateur/jour (+ de 15 ans).
1. Il s'agit du budget et non des ressources.
2. Activité télévision seulement.
N.B. — Certaines chaînes disposant d'une audience lourde (Inde, Mexique, Indonésie) figureraient probablement dans ce classement, mais aucune donnée n'est disponible à leur sujet.

## La diversification du système télévisuel

À partir de 1973, une nouvelle génération de satellites de télécommunications est apparue, plus légers et surtout moins coûteux, qui a sensiblement diminué la barrière d'entrée du coût de diffusion sur le vaste territoire américain. Pour acheminer les programmes d'une chaîne de New York à Los Angeles, il n'en coûtait plus que 30 millions de francs par an aux promoteurs d'une chaîne, pour la seule liaison de transmission. Cet élément technologique a favorisé la mise en place de nouvelles chaînes, relayées par les réseaux câblés qui forts de cette offre diversifiée se sont développés plus rapidement dans la décennie soixante-dix. Plutôt que de viser la masse, ces chaînes ont cherché à attirer des fractions du grand public, à travers une programmation thématique bâtie autour des préoccupations centrales de la population : cinéma (HBO), sports (ESPN), musique (MTV...), information (CNN...). En 1990, près de 50 chaînes thématiques coexistent sur le marché américain.

La concurrence des *networks* déjà solidement implantés au *prime time* ne permettait pas que ces nouvelles chaînes reposent sur un financement publicitaire : aussi beaucoup d'entre elles opteront pour le financement à péage, par lequel un spectateur souhaitant recevoir une chaîne s'acquitte d'un abonnement régulier.

Les comportements des téléspectateurs américains, dont 40 % environ sont aujourd'hui abonnés au câble, ont agréé cette offre de programmes : malgré les limites de leur « budget-temps », ils s'abonnent souvent à 7 ou 8 chaînes différentes.

Cette diversification de l'offre de programmes s'est accompagnée d'un renouvellement des opérateurs ; la presse s'est engouffrée dans ce nouveau métier : *Knight Ridder, Ganett, Time, Tribune*, figurent aujourd'hui parmi les plus gros opérateurs audiovisuels des États-Unis. Dans la plupart des pays européens, au contraire, la presse a cherché à retarder au maximum l'avènement d'un nouveau support de masse qui menace, à terme, ses propres ressources.

Mais c'est du reste de l'économie que les nouveaux opérateurs de chaînes sont massivement venus, du fait des facilités de rachat et des cessions d'actions que permet la bourse américaine. American Express, General Foods, Gulf and Western n'ont pas hésité à investir sur ce créneau à forte espérance de rentabilité et y jouent désormais un rôle aussi important que les acteurs issus du champ de la communication.

Il faut enfin mentionner le cas original de PBS, îlot public au pays de la télévision commerciale, financé par des fonds fédéraux, mais aussi par des souscriptions volontaires des téléspectateurs, de fondations, de mécènes, levées à travers de célèbres campagnes de *fundraising*. En marge des réseaux commerciaux, les 300 stations affiliées à PBS diffusent des programmes plus culturels et plus éducatifs à un public en moyenne plus blanc, plus instruit et plus aisé que la moyenne du public américain. Avec 10 milliards de budget, elle ne draine toutefois que 4,5 % de l'audience totale et son existence est régulièrement remise en question par la presse et les députés conservateurs.

## Une puissante instance de réglementation au pays du libéralisme

L'ensemble de ces acteurs est contrôlé par une Commission fédérale composée d'hommes politiques, la FCC. Créée en 1939, elle intervient assez directement dans l'organisation de l'audiovisuel américain : outre la loi antitrust qui interdisait aux réseaux de posséder plus de 5 stations propres, la FCC réglemente les rapports entre la tête de réseau et les stations affiliées : celles-ci sont tenues de s'approvisionner en partie ailleurs que sur les réseaux au moment du *prime time (Prime Time Access Rule)*, cela afin de diversifier l'origine des programmes et pour susciter une production locale. On sait que cette réglementation a eu pour principal effet de susciter l'activité de la « syndication », sorte de grossistes en programmes, qui rachètent aux réseaux les émissions (séries, téléfilms) après leur première diffusion et les revendent aux stations affiliées et aux indépendantes.

# III / Les modèles européens

Pour un Américain, l'Europe est cet endroit où il y a très peu de chaînes de télévision, et où les rares qui existent sont publiques, sans publicité et un peu ennuyeuses. En effet, en plus d'être traditionnellement plus forte de ce côté-ci de l'Atlantique, l'intervention de l'État n'a pas eu le même objectif. Pour Washington, dans les années quarante, il s'agissait de favoriser la concurrence : les mêmes raisons qui avaient poussé à susciter l'apparition de RCA pour empêcher un monopole d'ATT (le quasi-monopole privé du téléphone) sur la radiodiffusion feront que l'on séparera de RCA le futur réseau ABC. C'est donc ici l'État qui soutient l'initiative privée pour maximiser le nombre de concurrents. En Europe, l'attitude sera inverse : on partira d'une situation de monopole public, éventuellement flanqué très tôt comme en Grande-Bretagne d'un monopole privé, entouré d'une législation plus ou moins perméable mais qui n'aura jamais comme objectif de favoriser la concurrence.

On peut distinguer, à ce titre, deux questions. Qui possède les réseaux et assure leur mise en place ? Qui a en charge la programmation des chaînes de télévision, et selon quelles modalités est-elle réalisée ?

## 1. Les grands traits du modèle européen

La première question est rapidement résolue : la télévision est perçue comme la « fille » des réseaux de communication qui la précèdent : la radio, et, deux décennies auparavant, le télégraphe ou le téléphone. À ce titre, la propriété des réseaux de transmission télévisuels est attribuée à l'État, qui détient, dans l'ensemble des pays européens, le monopole des télécommunications.

La propriété par l'État des infrastructures de diffusion et de transmission et, dans de nombreux cas, leur exploitation dans le cadre d'un monopole public, renvoient à des traditions anciennes de maîtrise par la puissance publique des réseaux de communication perçus comme des facteurs de déstabilisation éventuelle des régimes et des États.

Il en résulte un monopole technique, dévolu aux établissements publics qui exploitent ces réseaux. Si ce monopole constitue un frein à la mise en place de nouvelles chaînes et à l'attribution de canaux à de nouveaux entrants, il faut aussi reconnaître qu'il a permis une couverture de l'ensemble du territoire. Les Européens ont donc conçu leur télévision comme un service public et ils ont appliqué le principe de la péréquation financière entre les utilisateurs. Cet aspect distingue les télévisions européennes du modèle américain qui, nous l'avons vu, a tendance à privilégier les zones à fort potentiel publicitaire. Le corollaire de ce mode de développement public a été un haut niveau de qualité technique du service final aux usagers, à la fois cause et conséquence du nombre relativement faible de chaînes diffusées.

En matière de programmation, les monopoles dévolus à des sociétés nationales se sont imposés dans presque tous les pays d'Europe pour plusieurs raisons.

• *Pour des raisons techniques et économiques :* la limite objective des canaux et fréquences disponibles aboutirait à la constitution d'oligopoles préjudiciables à la liberté d'information si leur exploitation était laissée au privé.

• *Pour des raisons politiques :* la télévision, malgré la mauvaise qualité technique des premières images (185 lignes en 1935 en France), a rapidement été identifiée comme un média de masse, donc de vulgarisation, et/ou de manipulation. Officiellement, l'État doit garantir l'objectivité et l'impartialité des émissions, afin de satisfaire l'intérêt général. Dans les faits, les gouvernements souhaitent garder la maîtrise d'un média susceptible de devenir un « directeur des consciences ».

Tous les organismes de télévision héritent donc d'un statut juridique qui les lient à l'État et leur garantit parallèlement une exclusivité de programmation : les entreprises privées, de presse ou cinématographiques, un moment intéressées par un redéploiement sur la télévision (Pathé...), seront écartées de la gestion de ce média considéré comme bien de la collectivité.

Cette conception de la télévision orientera profondément son développement économique : quarante ans après, la télévision européenne en porte toujours les marques. Ces monopoles publics prennent cependant des configurations différentes selon les pays, leurs traditions institutionnelles, ou leur conception de la démocratie. Il est utile pour un Européen d'essayer de regarder la situation qui l'entoure avec les yeux d'un Américain. Cet effort d'imagination ne conduit pas nécessairement à partager les conclusions des experts américains sur l'audiovisuel européen — « sous-développé » étant souvent le qualificatif le plus laudateur qu'ils emploient — mais a un effet décapant. En premier lieu, l'Américain embrassera du regard l'Europe comme un tout. Les soubresauts de l'audiovisuel allemand auront pour lui le même parfum de terroir que les polémiques sur l'attribution des franchises des réseaux câblés de Floride. Ne parlons pas alors de telle ou telle nomination sur une chaîne française, aussi importante pour lui que le changement de la speakerine du canal WABC à New York. Il sera surpris si on lui annonce qu'il y a en Europe de grandes chaînes. Pour lui ce terme est synonyme de *network* continental et il n'y en a pas en Europe. En revanche, il sera frappé de la prééminence d'un échelon qu'il appellerait, lui, l'échelon régional : BBC1, Antenne 2, ZDF, la RAI 1 sont des chaînes régionales, centrées sur une grande ville : Londres, Paris ou Rome. Mais il remarquera aussi le manque de vitalité de l'échelon inférieur, celui du local : en dessous du million d'habitants, les villes européennes n'ont pas de chaînes de TV qui leur soient propres : Hambourg, Birmingham, Turin ou Lyon n'ont pas la télévision qu'elles mériteraient. Donc des villes sans télévision, un continent sans télévision, un espace européen qui n'est toujours pas polarisé selon la logique économique et démographique des populations et des marchés, mais selon une logique politique, celle des États-nations.

Si notre observateur dispose d'un peu plus de temps, il verra que cette organisation d'ensemble varie cependant selon les endroits, comme varient les équilibres sociaux, politiques et historiques qui ont fait les pays européens. La télévision française est ainsi plus parisienne que la télévision espagnole n'est madrilène, et ce n'est pas tout à fait un hasard si c'est en Italie que sont apparues les télévisions privées locales. Mais pour l'instant reconnaissons qu'il s'agira là de distinguos subtils pour un Américain. Lui verra avant tout des édifices réglementaires nationaux et publics, de moins en moins étanches mais encore dominants, organisés pour contrôler le contenu et limiter le nombre des télévisions.

### Un nombre de chaînes limité mais croissant

Il faut à ce sujet distinguer en Europe de l'Ouest la situation des populations à l'intérieur des grands pays et celle des petits pays ou des régions frontalières. Le corollaire du morcellement de l'Europe est qu'il y a plus de 75 millions d'Européens en mesure de recevoir un programme étranger au moins. Pour eux, en particulier ceux situés dans un triangle qui va de Berne à Douvres et à Hambourg, la pénurie audiovisuelle est très relative et on ne s'étonnera pas de voir que c'est dans cette zone que se concentrent l'essentiel des réseaux câblés européens, et la majorité du parc de téléviseurs multistandard.

Mais, pour plus de 80 % de la population d'Europe de l'Ouest, la situation a évolué de la manière suivante : en

1960, chaque pays a une chaîne noir et blanc, publique, émettant tous les jours, en gros, de 18 à 23 heures. Une seule exception de taille avec la Grande-Bretagne où les stations (privées) d'ITV émettent dès 1955. Quelques situations marginales en outre sont dues à l'existence de micro-États (Télé Luxembourg, Télé Monte-Carlo) ou de pays sans unité linguistique.

En 1970, l'Européen moyen est passé de une à deux chaînes, dont une en couleur s'il fait partie des 3 à 4 % de la population équipés de ce produit de luxe. Ces deux chaînes sont publiques et généralement plus différenciées par leurs moyens — la deuxième chaîne est généralement une chaîne « pauvre », émettant environ 1 500 heures par an — que par leurs finalités.

En 1980, la situation moyenne comprend généralement trois chaînes, toutes en couleur et toujours publiques, mais la décennie soixante-dix/quatre-vingt a fait éclater la relative homogénéité européenne. Le principal événement est naturellement l'explosion des télévisions privées locales en Italie, en voie, dès 1980, de concentration en réseaux. Il est possible de recevoir, dans d'assez mauvaises conditions d'ailleurs, plus de huit chaînes dans certains quartiers des grandes villes italiennes. Le second facteur de différenciation est moins spectaculaire mais tout aussi important : les petits pays ne peuvent plus suivre dans la course à la multiplication (lente) du nombre de chaînes. On voit apparaître les premières limites économiques du mode de développement fondé sur le monopole public, alors qu'elles étaient jusqu'alors cachées par la montée du parc de téléviseurs sur lequel était assise la redevance. Dès 1980, donc, des voies nationales originales sont explorées : coexistence non régulée entre le public et le privé, en Italie, très réglementée en Grande-Bretagne. Partout ailleurs, des monopoles publics qui s'essoufflent se sont ouverts largement à la publicité (en France en particulier) et cherchent à descendre vers l'infranational (FR3 en France, RAI 3 en Italie, seconds canaux ARD en République fédérale d'Allemagne).

Enfin, de 1980 à 1990, la situation a plus changé en Europe qu'au cours des vingt années précédentes. Pour ce qui est des traits communs, il faut citer la généralisation de la couleur (taux d'équipement des ménages voisin de 70 % dès 1985), l'augmentation de la durée de diffusion (apparition de la télévision du matin, prolongation des émissions tard dans la nuit) et la diffusion de nouvelles technologies liées à la télévision : magnétoscopes, dont moins d'un Européen sur cent était équipé en 1980 contre près d'un sur six en 1988, réseaux câblés de vidéocommunications, satellites géostationnaires retransmettant des signaux de télévision. Enfin, on constate globalement le maintien d'un rôle dominant des chaînes publiques, ou au moins des décisions d'ordre politique dans le fonctionnement de l'audiovisuel.

Avec des rythmes inégaux, le nombre de chaînes a continué à se multiplier : chaînes autonomes et privées espagnoles, *Channel Four* et Télévision galloise (S4C) en Grande-Bretagne, Canal Plus en France, sont encore des chaînes à diffusion hertzienne.

Mais on voit apparaître des chaînes à destination des réseaux câblés, privées ou publiques, qui portent en germe le déplacement du centre de gravité de l'audiovisuel européen vers le privé, l'international et le local, au détriment du public et du national. A la fin de la décennie, l'Européen moyen recevait ainsi plus de quatre chaînes dont trois au moins dans sa langue, contre six pour un Japonais moyen et douze aux États-Unis ou au Canada.

*Des chaînes originales*

Les télévisions européennes tirent la plupart de leurs recettes d'une taxe parafiscale assise sur la possession d'un téléviseur : le parc des téléviseurs assure de confortables revenus aux chaînes de service public tout au long de la phase de montée en charge des équipements. Ces chaînes de télévision ont donc des budgets qui oscillent entre 0,5 et 6 milliards de francs, qui les placent parmi les toutes premières entreprises culturelles de leurs pays respectifs : TF1 par exemple se situe immédiatement après Havas et Hachette dans le classement des budgets et chiffres d'affaires des entreprises de la culture et de la communication françaises.

Bien entendu, jusque dans le champ de la télévision, il faut opposer « petits » et « grands » pays européens. En Belgique, aux Pays-Bas, en Scandinavie, où le nombre de téléviseurs est largement moins élevé que dans les grandes nations (la Belgique par exemple ne compte que 4 millions de postes contre 20 millions en France, sans que le montant nominal de la redevance y soit bien supérieur), on a vu que l'on s'était heurté dès les années soixante-dix au mur du financement.

Il semble que la régulation s'opère à la fois par le nombre de chaînes, plus restreint aux Pays-Bas, en Belgique ou dans les pays scandinaves que dans les grands pays européens, mais aussi par le degré d'originalité des programmes : les films cinématographiques, les feuilletons, séries, téléfilms américains ou britanniques sont le pain de la programmation quotidienne des télévisions des petits pays, qui sont plus que les autres exposés à la « colonisation » des programmes étrangers.

Au contraire, les chaînes des grands pays disposent de moyens lourds de production : équipements (studios, régies), mais surtout personnels de production intégrés à la chaîne elle-même (par exemple, BBC, ZDF) ou dans un organisme parallèle du service public (la SFP après l'éclatement des structures de l'ORTF en 1974).

L'intégration de l'outil de production a pour corollaire la nécessité d'amortir les équipements : les variétés, les téléfilms, les séries originales, les grands reportages, et le direct plus coûteux en personnel et en temps de préparation composent environ 60 % du volume horaire de la grille des « grandes » chaînes.

L'autre conséquence de cette intégration réside dans l'importance des effectifs salariés, qui varient entre 1 000 et 3 000 personnes par chaîne. Il en résulte une organisation industrielle du processus de production : on est loin du modèle artisanal et précapitaliste de la production du cinéma ; la division des tâches, la rotation du personnel destinée à optimiser l'utilisation des équipements, la

33

production des programmes en série, rythment le fonctionnement quotidien des chaînes de télévision. Cette organisation a favorisé l'implantation d'une longue tradition syndicale : le personnel en a retiré d'importants acquis sociaux, le professionnalisme allant de pair avec un certain corporatisme.

La logique industrielle qui s'exerce à plein dans le modèle américain bute donc tout à la fois dans les télévisions publiques européennes sur l'emprise et la force du courant syndical, et sur les contraintes des cahiers des charges : les détracteurs du service public ont dès lors beau jeu de dénoncer la bureaucratie, les lourdeurs administratives, le gaspillage, la gabegie...

Mais c'est en matière de programmation que le bloc européen affirme sa différence : les chaînes sont en effet régies par des cahiers des charges qu'elles doivent respecter pour satisfaire leur mission de service public : respect du pluralisme en matière d'information, respect de la personne, quotas de production originale... L'esprit des cahiers des charges révèle partout une mission fondamentale, pédagogique et culturelle de la télévision : la télévision sera le média de masse là où le cinéma, le livre ou le théâtre, « trop classants », ont échoué : la télévision est porteuse d'un projet culturel, mais la culture dont il est question est bien celle des « classes dominantes ». En France, la télévision des années cinquante-soixante repose donc sur l'adaptation de classiques à l'écran. C'est la génération de jeunes réalisateurs : J.M. Drot, Bluwal, Santelli. En Italie, le modèle pédagogique de la RAI prévaut à la même époque : des émissions d'alphabétisation y sont diffusées, 20 % des programmes sont des émissions culturelles...

La télévision européenne développée selon le modèle étatique est donc le reflet d'un *projet volontariste pédagogique et centralisateur :* c'est sans doute à la magie des images « venues d'ailleurs » et à quelques écarts concédés aux divertissements populaires que l'on doit la croissance du parc de récepteurs à partir des années soixante. La durée d'écoute de la télévision subira malgré tout le contrecoup de ce modèle de télévision d'État : elle y est de loin inférieure à celle observée aux États-Unis. Elle s'élevait en 1975 à 3 heures par jour et par individu dans ce dernier pays contre 2 heures seulement en France.

En 1989, les écarts de comportement des téléspectateurs entre les deux systèmes tendent à se résorber : les publics japonais ou italien passent autant de temps devant leur petit écran et les Britanniques talonnent les Américains dans ce loisir « posté ». Tout semble indiquer qu'il y ait deux manières de consommer la télé : « à l'américaine », c'est-à-dire avec une attention inégalement soutenue, les programmes, étant, eux, allumés en permanence. Les pays du sud de l'Europe ont adopté ce modèle maximaliste. La seconde manière de consommer la télévision est plus répandue dans le nord de l'Europe : en RFA, au Danemark ou en Suède, on regarde les programmes et on éteint pour pratiquer une autre activité.

| En 1988 | Nombre de foyers équipés (en million) | Durée d'écoute de la télévision par individu et par jour |
|---|---|---|
| États-Unis ........... | 84 | 4 h 30 |
| Union soviétique ..... | 82 | 2 h 08 |
| Japon ............... | 30 | 3 h 10 |
| Chine ............... | 29 | ? |
| Brésil .............. | 21 | 2 h 01 |
| République fédérale d'Allemagne ....... | 22 | 2 h 24 |
| Grande-Bretagne ..... | 19 | 3 h 48 |
| France ............. | 19 | 2 h 58 |
| Italie .............. | 15 | 3 h 00 |
| Canada ............. | 14 | 4 h 24 |
| Espagne ............ | 10 | 3 h 27 |

*Sources :* GEAR, BIPE, UNESCO.

La connotation pédagogique et volontariste des chaînes de télévision disparaît avec l'apparition de nouvelles chaînes, même dans le cadre du service public.

Certes, en théorie, les chaînes qui succèdent à la première visent, dans un souci de cohérence, des publics différents, plus ciblés socialement ou géographiquement : BBC2 sera plus culturelle que BBC1, FR3, RAI3 auront des programmations régionales... Dans les faits, pourtant, une dérive de la programmation vers des émissions de divertissement, une course à l'audience sont invariablement observées dès la mise en place de la nouvelle chaîne : la chaîne « antérieure » cherche en effet à préserver sa légitimité, même si ses moyens de financement ne sont pas remis en cause. Et pour une chaîne de télévision, la légitimité se mesure avant tout à l'importance de son public.

## 2. Deux exemples : la Grande-Bretagne et l'Italie

Le modèle européen que nous avons décrit est une abstraction commode. Quand on regarde de plus près, bien sûr, tout se brouille et on ne voit plus que des différences. C'est ce que nous allons voir dans le cas de la Grande-Bretagne et de l'Italie.

### Un modèle prestigieux : la Grande-Bretagne

Bien que puisant ses origines dans le même moule que les autres télévisions européennes, la télévision anglaise a rapidement affirmé son identité. La première originalité réside dans l'absence d'une vision instrumentale de la télévision de la part des milieux politiques ; la télévision a su s'entourer de nombreux garde-fous afin que l'emprise des gouvernants sur l'information ne soit pas trop envahissante. L'existence d'instances de contrôle assure une protection efficace contre une intervention abusive de l'État : *Independant Broadcasting Authority* (IBA) pour la télévision privée ; le *Board of Governors* pour la BBC.

La seconde originalité de la Grande-Bretagne réside dans

ses structures dont la caractéristique est la cohabitation pacifique et courtoise de deux systèmes de télévision : l'un privé, l'autre public.

Sous la tutelle du Board of Governors, instance indépendante qui a inspiré la constitution de la Haute Autorité française, on trouve la BBC, organisme public de radiotélévision que tout rapproche de l'ex-ORTF : un empire de 28 000 personnes environ qui se répartissent entre le pôle radiophonique, quatre chaînes nationales, des chaînes locales, régionales et internationales (BBC oversea), les deux chaînes de télévision BBC1 et BBC2, le service d'exploitation du réseau, qui correspond à l'ancien service technique de l'ORTF, mais qui ne dispose pas du pouvoir de réglementation des fréquences, « BBC enterprises » qui commercialise auprès des télévisions du monde entier les productions des deux chaînes, et enfin « BBC Publications », qui gère notamment la parution de l'équivalent anglais de *Télé 7 jours*.

Contrairement à l'ensemble des monopoles publics continentaux qui ont ouvert leur antenne à la publicité pour pallier leurs difficultés de financement, la BBC est alimentée à 90 % par le produit de la redevance. En 1989, elle a perçu 7,6 milliards de francs de ressources nettes de redevance, les autres ressources provenant de la vente de périodiques et de programmes à l'étranger, commercialisés par BBC Enterprises. Sur ce budget global, 6,2 milliards de francs ont été, toujours en 1989, affectés au budget des deux chaînes publiques. Ces deux chaînes ne sont pas en concurrence frontale. BBC1 ressemble à TF1 : chaîne populaire qui touche chaque soir en moyenne 35 % de la population, et dont le succès repose sur des séries *(Benny Hill)*, des jeux, des variétés, puisque la diffusion des films cinématographiques est concentrée en dehors du *prime time*. BBC2, au contraire, vise un public plus éduqué avec une programmation axée sur les magazines d'informations ou les documentaires qui font la renommée de la BBC à l'étranger.

Dès 1955, le centre de gravité du système télévisuel anglais situé, comme dans tous les pays européens, dans la sphère publique s'est brutalement déplacé avec la constitution de l'IBA, instance de contrôle de la télévision privée ITV. Cet organisme de tutelle dispose de pouvoirs étendus, puisqu'il procède à la construction et à l'entretien du réseau hertzien. Il détient un important budget de recherche sur les nouvelles technologies, et surtout, il attribue les fréquences aux stations régionales qui retransmettront la programmation du réseau privé ITV.

Quinze stations composent le réseau ITV : elles sont gérées par des sociétés de production indépendantes, dont les plus connues sont Thames Television à Londres ou Granada à Manchester.

Les quinze entreprises qui forment ITV disposent de l'exclusivité des ressources publicitaires télévisuelles — du moins jusqu'à l'apparition de nouveaux concurrents privés tels que *Sky Channel*. Ce monopole s'exerçait jusqu'en 1990, sous le contrôle étroit de l'IBA, qui veillait à la qualité et à la conformité des programmes des chaînes avec leur cahier des charges, assurait le respect des plafonds publicitaires, imposés aux stations et gérait l'allocation de fréquences. Les compétences de la nouvelle autorité, l'ITC, désignée par la loi de 1990, s'étendent au câble mais ne comprennent plus de prérogative en matière de gestion de réseau de diffusion.

En cela, le modèle anglais diffère autant du modèle européen que de la télévision américaine, puisque la FCC, uniquement soucieuse d'assurer les conditions de la concurrence, est loin d'avoir les mêmes prérogatives que l'IBA.

Dans ses structures, ITV affirme également son identité par rapport à ses réseaux cousins d'Amérique : en dehors de ITN, société privée qui fournit aux stations régionales d'ITV leurs programmes quotidiens d'informations nationales et internationales, le réseau ITV ne comprend pas de maison mère ou de station de tête : ce sont les sociétés les plus puissantes du réseau (Thames Television, Central Television, Yorshire Television ou Granada) qui fournissent aux autres stations la majeure partie de la programmation.

Par ailleurs, les achats de programmes ne sont pas négociés pour l'ensemble des stations, mais chaque station est responsable de la politique de programmation et d'alimentation en programmes. De même que, pour les recettes, un annonceur n'est pas en mesure d'acheter l'audience de l'ensemble du réseau : il doit négocier station par station l'achat d'espace, que chaque chaîne régionale commercialise selon ses propres règles de tarification.

Malgré un mode de régulation original pour une télévision privée, et une organisation qui traduit la prééminence de l'échelon régional sur le niveau central, le réseau ITV a prouvé son efficacité commerciale : leader en audience avec 41 % de l'audience quotidienne a réussi à drainer, en 1985, 16,2 milliards de ressources publicitaires, ce qui en fait l'un des premiers organismes de télévision européens par les recettes. Il n'y a guère que la puissante ARD (20 milliards de francs) et les trois réseaux de la Fininvest (20,8 milliards de francs) pour soutenir la comparaison.

Loin de rester assis sur ce patrimoine, le réseau ITV a une politique d'investissement et de diversification offensive. Dès 1979, la Grande-Bretagne songe à autoriser le lancement d'une quatrième chaîne.

Après des années d'atermoiements autour de plusieurs projets concurrents, la solution préconisée par le réseau ITV a été retenue. Channel Four commence à fonctionner au début de l'année 1983. C'est une chaîne consacrée aux émissions politiques, d'information et musicales, diffusant des films « difficiles », des documentaires ciblés vers des minorités ethniques ou culturelles. Grâce à son style novateur et provocant, elle a réussi à capter 8 % de l'audience britannique. Financée durant les six premières années de son existence par une quote-part des stations du réseau ITV, elle est sommée par la nouvelle loi britannique de couvrir ses dépenses annuelles (2 milliards de francs) par ses propres ressources publicitaires. Nombreux sont les Britanniques à s'émouvoir et à craindre que l'originalité de la chaîne ne soit mise en péril par ce mode de financement dont on a pu, en Grande-Bretagne ou ailleurs, mesurer les effets pervers sur la programmation.

La plus belle réussite du compromis historique entre télévisions privées et télévisions publiques, outre d'avoir duré, est surtout d'avoir permis le développement d'une production de qualité assurée d'un large financement et d'une vaste audience.

• La durée d'écoute par individu était, en 1989 comme en 1985, la plus élevée de tout le continent européen : avec 216 minutes par jour et par individu, la Grande-Bretagne se situe loin devant la France (178 mn), l'Allemagne (142 mn) ou encore l'Italie (190 mn). Le comble est que cette télévision « populaire » (les chiffres d'audience l'attestent) n'est pas reniée par les intellectuels : la télévision fait ici partie intégrante de la culture.

• Le niveau de la production télévisuelle anglais est remarquable. Channel Four a aidé à dynamiser le tissu des producteurs indépendants ; la BBC jouit d'une réputation mondiale pour ses émissions d'informations ou ses documentaires, et ITV ne le cède en rien au modèle de programmation du réseau américain où se succèdent *soap operas* et vidéo clips : en moyenne, les coûts de production de ITV sont deux fois plus élevés qu'à la BBC, phénomène traduisant tout à la fois les hauts salaires des professionnels de la chaîne, et la qualité des programmes, gratifiée par des prix dans les manifestations internationales comme le prix Italia.

• Un niveau élevé de ressources pour la télévision. En effet, l'organisation du système télévisuel anglais a contribué à stimuler les investissements publicitaires, sur les grands médias (1,7 % du PIB, contre 0,7 % en France ou en Italie). La télévision attire 35 % des investissements publicitaires destinés aux grands médias, contre moins de 25 % en France. En y ajoutant les 6,2 milliards de ressources collectés par BBC1 et BBC2, le système télévisuel anglais draine donc 22,4 milliards de francs annuels. Malgré un rattrapage récent, la France ou l'Italie ont une télévision moins riche, qui plus est, répartie en davantage de canaux nationaux.

## Un modèle menacé

Le duopole anglais, malgré quelques signes d'essoufflement, était l'admiration de tout le continent. Comme partout en Europe, l'apparition de nouveaux modes de distribution des images (câble, satellite) a pourtant rendu nécessaire la mise à plat du paysage réglementaire britannique. Une occasion rêvée pour le gouvernement britannique de libéraliser le secteur et de le soustraire à la tutelle pesante de ces deux monopoles. Devant les difficultés de financement de la BBC et les plaintes régulières des annonceurs à l'endroit de l'abus de position dominante exercé par ITV sur le marché publicitaire, le gouvernement conservateur de Margaret Thatcher a promulgué une loi visant à réintroduire plus de concurrence dans le secteur télévisuel. Le marché britannique se partagera à terme entre 5 chaînes nationales, une procédure de réattribution des fréquences d'ITV (rebaptisée Channel 3) par une mise aux enchères étant engagée.

## Le « repoussoir » italien

Du modèle anglais, tout en nuance, en compromis autour d'une tasse de thé, passons à la situation italienne, explosive et conflictuelle.

Jusqu'en 1976, la télévision italienne avait fait mentir la thèse selon laquelle l'organisation de ce média est à l'image de l'organisation de l'État : malgré l'absence d'une unité nationale et d'un État fort, la télévision s'est incarnée pendant plus de vingt ans dans la RAI, chaîne unique, monolithique et au monopole incontesté.

Cependant, le caractère vertical de cette chaîne, sa gestion bureaucratique, sa soumission au gouvernement ne manqueront pas de susciter des remises en cause violentes. C'est en 1974 que l'autorisation d'exploitation par des acteurs privés de réseaux de câble locaux entamera le monopole de la société nationale italienne.

La réforme de la RAI, votée en 1975, qui cherche à soustraire la télévision de l'emprise du parti au pouvoir, réaffirme pourtant le monopole de la société nationale, mais ne résout en rien ses problèmes de fond et, en particulier, les problèmes de financement, puisque les recettes publicitaires sont toujours limitées à 5 % du budget total.

Ces dispositions ne pourront pas, de fait, endiguer le raz de marée des radios locales « privées », montées par des jeunes, mais aussi par des associations, et vite soutenues par les publicitaires. Les télévisions locales n'ont fait que s'engouffrer dans la brèche créée par le vide juridique, jusqu'à ce qu'en 1976 la Cour constitutionnelle légitime leur existence, en autorisant les télévisions de « portée locale ». Les interconnexions techniques sont néanmoins interdites, afin de prévenir la formation de réseaux nationaux sous la domination du secteur privé.

Cette décision provoquera l'émergence de centaines et de centaines de télévisions locales jusqu'à un maximum de 1 200 en 1982. Cette éclosion aboutira à l'exploitation du marché publicitaire local jusqu'alors laissé en friche.

Pourtant beaucoup de promoteurs de stations apprendront à leurs dépens qu'en termes de coûts, la télévision n'est pas la radio. Même pour les stations situées dans les grands pôles urbains, les recettes publicitaires ne parviennent pas toujours à couvrir les coûts de programmation : les principaux groupes de presse et d'édition italiens (Mondadori-Rusconi-Rizzoli) et quelques outsiders (Berlusconi) mettront à profit cette sanction du marché, en rachetant les fréquences des stations en difficulté. Leurs régies publicitaires interviendront alors jusque dans l'achat de programmes pour rendre les grilles plus attractives aux yeux des annonceurs : les premiers réseaux sont nés, même si, en l'absence d'une autorisation pour une interconnexion technique des stations, la diffusion simultanée des cassettes s'opère par la poste !

Cinq réseaux se partagent l'Italie dès 1982 et concentrent l'essentiel de l'audience des télévisions privées. À ce titre, ils intéressent les annonceurs nationaux, en quête d'un support télévisuel non réglementé. Leurs investissements sur ces réseaux auront des effets sensibles sur les dépenses

publicitaires grands médias qui grimpent de 0,31 % du PIB
à 0,40 % en deux ans seulement.

*L'ascension du groupe Berlusconi*

La lutte sévère que se livrent les trois plus grands réseaux
pour la conquête de l'audience profitera à celui qui a fondé
sa stratégie sur l'achat de stocks de programmes américains,
au prix d'un important endettement (4,5 milliards de francs
environ), et sur une politique de vente d'espace offensive et
sauvage : le groupe Berlusconi.

Par le premier point, il réussit à détourner des spectateurs
de plus en plus nombreux des deux antennes de la RAI (sauf
à 20 h, où l'information demeure le monopole de la chaîne
nationale publique). Fort de cette audience (ses trois réseaux
mobilisent environ 49 % de l'audience quotidienne), il
démarche les annonceurs à qui il offre des conditions de
diffusion des spots très favorables : faible coût, insertion
d'annonces dans les programmes. En 1983, il rachète Italia
Uno ; en 1984, il acquiert Rete Quatro. En 1985, il dispose
d'un empire de 5 milliards de francs.

La stratégie berlusconienne a été de jouer les téléspectateurs contre la juridiction. Contrairement au modèle
pyramidal de la RAI qui diffuse des émissions pédagogiques,
la programmation de Berlusconi s'est enracinée dans le local,
tant par ses programmes qui sollicitent le téléspectateur dont
il fait un acteur de la télévision à travers les jeux, que par
les spots publicitaires qui assurent la promotion de la
boulangerie du quartier. On avait voulu contenir le développement de Berlusconi en l'enfermant dans le local, il en a fait
un des leviers de sa puissance. Les programmes américains,
les films qui composent sa grille ne sont qu'un habillage de
cette télévision de « proximité ». Lorsqu'il avait été traduit
en justice pour avoir enfreint la loi concernant l'interdiction
de la programmation d'émissions à l'échelon national, en
1984, des milliers de téléspectateurs sont descendus dans la
rue pour défendre sa cause.

Après cette période transitoire, sauvage, il semble que l'on s'achemine vers une situation juridique plus stable, vers un système mixte qui impose au groupe privé des règles du jeu plus précises à travers l'instauration de cahiers des charges portant sur le niveau de ressources publicitaires et l'origine des programmes. La RAI, en effet, a tenu : elle représente toujours 50 % de l'audience et 80 % du potentiel de création de l'audiovisuel italien.

Elle n'est cependant pas sortie indemne de ce combat de géants : elle a perdu de l'audience, elle est très endettée et elle est toujours empêtrée dans des débats où son indépendance vis-à-vis du pouvoir est mise en cause.

# IV / Des télévisions de pénurie

Ce troisième ensemble est constitué de deux catégories de pays : les pays industrialisés socialistes ou ex-socialistes et les pays en développement les moins avancés. Bien que politiquement déchiré et économiquement très contrasté, ce « bloc », pour nous, est bien un bloc : partout s'affirme un monopole public de la télévision ; les chaînes sont en nombre relativement restreint (même si en certains points de l'Europe de l'Est la situation est meilleure — quantitativement — que dans beaucoup de pays de l'Ouest) ; la logique commerciale est absente ; enfin, une mission culturelle, pédagogique et « officielle » domine.

## 1. La bonne santé relative de la télévision de l'Est

Jusque dans les années soixante-dix, il n'y avait pas de différences significatives entre la TV de l'Est et celle de l'Europe continentale de l'Ouest. C'est depuis une dizaine d'années que la montée, à l'Ouest, des industries de la communication introduit un écart croissant, dans le mode comme dans l'ampleur du développement. Bien sûr les télévisions affichent dans les pays de l'Est un luxe nettement moins tapageur que leurs consœurs capitalistes. Mais les exportations de technologies des groupes japonais ou de Thomson font qu'elles emploient en gros les mêmes caméras, les mêmes standards ou à peu près (SECAM en Europe de l'Est ou PAL en Chine), et que les immeubles s'y hérissent des mêmes antennes.

Parmi les biens de consommation « modernes », le poste de télévision en couleur est un de ceux que l'on trouve le plus facilement à Moscou. Rien à voir avec les mois d'attente nécessaires pour se procurer une voiture. En 1983, 91 % des foyers soviétiques possédaient un poste de TV, dont 27 % un poste en couleur. À la même date, ces taux étaient respectivement de 96 et 62 % en France et de 98 et 75 % aux États-Unis. Les Soviétiques disposaient de deux chaînes « fédérales » (reçues simultanément par plus de 80 % de la population) et de quinze chaînes « nationales » (dont certaines en langue locale). Les contraintes géographiques et la puissance du complexe militaro-industriel les ont incités à développer un système de transmission par satellite (notamment les satellites géostationnaires [Gorizont]), assez comparable au système américain, qui leur permet de couvrir un bon tiers de la planète.

L'Europe de l'Est est moins bien lotie avec généralement une grande chaîne par pays et une seconde chaîne sans grands moyens. La crise économique et les incertitudes politiques qui ont suivi les événements de l'automne 1989 ont eu sur la télévision des effets profonds. Diminution des ressources, libéralisation des informations, entrée massive de programmes étrangers et menaces de privatisation en sont les quatre principales conséquences.

Progressivement se creuse un écart croissant entre des pays qui adoptent le modèle occidental (Tchécoslovaquie, Hongrie, nord de la fédération yougoslave) et d'autres qui sont contraints par leurs ressources, ou par leur situation politique, d'en rester à l'écart.

Le Vietnam, la Chine populaire, la Mongolie, certains pays africains socialistes sont confrontés à des problèmes d'équipements qui rendent moins aiguë la question des programmes : faible présence du téléviseur chez les ménages, difficultés d'équiper le territoire en artères de transmission hertzienne, pénurie de systèmes de maintenance (réparateurs, installateurs, surveillance des équipements). De ce fait, ils se content souvent de desservir les grandes agglomérations urbaines avec une chaîne. Mais la pénétration rapide, dans ces zones, de matériels en provenance du Japon ou de l'Asie du Sud-Est, le coût rapidement décroissant des technologies de base, et enfin le rôle social et politique important, en direction des classes moyennes, que joue la télévision dans des pays voisins sous influence occidentale, font que la situation évolue rapidement. Ainsi la Chine met-elle en place un ambitieux programme d'équipement en satellites.

## 2. La télévision dans l'Asie pauvre

Du point de vue du développement de la télévision, l'Asie peut être partagée en trois zones : le Japon, la Corée du Sud et les nouveaux pays industrialisés d'Extrême-Orient sont dans une situation comparable (sinon meilleure) à celle des pays occidentaux, tant pour la couverture de la population ou le nombre de canaux que pour le taux d'équipement des foyers en récepteurs. Le Moyen-Orient est dans une situation moyenne, avec de bonnes infrastructures, généralement plus de deux canaux utilisés, mais avec des taux d'équipement en téléviseurs inférieurs aux deux tiers des ménages. Enfin, entre ces deux blocs, l'Inde, la Chine, la péninsule indochinoise, d'une manière générale tous les pays qui, d'ouest en est, vont de l'Afghanistan à Bornéo, ont très peu de télévision.

Mais cette zone, qui concentre plus de la moitié de la population du globe, est celle qui recèle le plus gros potentiel de croissance à long terme. On se contentera de présenter ici la situation de la Chine et de l'Inde.

### L'éveil de la télévision chinoise

Il y avait, à la fin de 1987, environ 60 millions de téléviseurs en Chine, soit un équipement proportionnellement dix fois moindre qu'en Europe de l'Ouest. La télévision nationale, qui exploite trois canaux en couleur, et les stations « locales » (certaines couvrent une superficie supérieure à celle de la France) diffusent un total d'environ 35 heures de programmes par jour, soit à peine plus que les télévisions yougoslaves, par exemple. Les autorités chinoises estiment qu'environ 40 % de la population étaient hors de portée d'un signal de télévision, malgré un réseau hertzien national, un satellite de communications, 204 stations d'émission et 11 000 émetteurs.

Ces résultats paraissent de nature à classer la Chine dans les zones de faible développement de la télévision. Mais ce qui est important, c'est la vitesse avec laquelle la Chine se développe : créée le 1er mai 1958, la télévision centrale (à l'époque, Beijing Television) n'a émis pendant longtemps que quatre jours par semaine, deux ou trois heures à chaque fois.

Dans cette économie planifiée, les efforts d'investissement ont porté bien entendu sur les industries lourdes : la télévision, « gadget de l'Occident », leur a été sacrifiée.

La Révolution culturelle a même porté un coup d'arrêt au développement de la télévision, considérée comme une activité idéologiquement nocive, contraire à l'esprit de la Révolution...

En 1980, la télévision chinoise était une des plus squelettiques du monde, avec seulement 400 émetteurs diffusant un maigre filet d'émissions éducatives en noir et blanc. Mais, sous l'influence des nouveaux dirigeants chinois, elle a bénéficié d'importants investissements, dont les effets sociaux et économiques exploseront vraisemblablement dans les années quatre-vingt-dix.

Cet accent mis sur les aspects éducatifs, culturels ou sur l'information est une constante universelle des télévisions d'État, mais on aurait cependant tort de s'imaginer la télévision chinoise comme un ensemble de programmes didactiques. La fiction y occupe une place croissante (42 téléfilms en 1979, 434 en 1985, plus d'un par jour) ainsi que le sport : boxe, rugby et, naturellement, en 1986, la coupe du monde de football. C'est ainsi que le projet très controversé de romanisation de l'alphabet chinois fait l'objet de programmes éducatifs qui utilisent la plupart du temps le détour d'une fiction télévisée.

Elle est également une télévision de moins en moins autarcique. Bien qu'en large partie composée de programmes propres, les programmations de CCTV n'en ont pas moins des accords de fourniture de programmes avec la BBC ou CBS et recourt aux agences de programmes (UPI, *Visnews*) pour les éléments d'actualité.

## La télévision indienne en sommeil

L'Inde comporte quinze langues constitutionnelles, et s'étend sur 3,3 millions de kilomètres carrés. Ses huit cents millions d'habitants, dont 37 % seulement sont alphabétisés, disposent d'un des plus faibles niveaux de vie de la planète. Autant de facteurs peu favorables au développement de la télévision. Et de fait la situation du pays dans ce domaine est une des plus mauvaises du monde. Mais tout ne s'explique pas par ces facteurs généraux. Après tout, la Chine présentait des handicaps au moins aussi grands (60 millions de téléviseurs en Chine, 8 millions en Inde en 1988), et en outre le pays a su être fertile en matière d'audiovisuel, avec le cinéma le plus prolifique de la planète : 800 films produits en 1984, contre 130 en France.

La principale raison qui explique l'écart entre l'Inde et la Chine est d'ordre politique. Nehru ne voyait dans la télévision qu'une « distraction luxueuse », et à sa suite les différents dirigeants de l'Inde ont oscillé entre l'indifférence, le mépris ou l'incohérence à l'égard d'un média essentiellement destiné aux élites.

La première station de télévision apparaît, un peu par hasard, à Delhi, en septembre 1959, avec des programmes éducatifs sporadiques. La vraie télévision de Delhi ne démarre qu'en 1965. Au cours des années soixante-dix des stations apparaissent, à Bombay (1972), à Calcutta (1973), à Madras (1975). Il faut attendre 1983 pour voir se développer la couleur. Au milieu des années quatre-vingt, bien qu'officiellement les 180 émetteurs soient réputés couvrir 70 % de la population, la moitié du parc de téléviseurs était encore concentrée à Delhi et à Bombay. Les deux langues qui dominent très largement les programmes sont l'anglais et l'hindi, l'une des quinze langues « constitutionnelles », ce qui limite la progression de l'audience à la seule bourgeoisie indienne.

## 3. L'Afrique

L'Afrique reste, pour quelque temps encore, le dernier continent que n'a pas conquis la télévision. Même si plus de 1,2 milliard d'Asiatiques ne sont toujours pas des téléspectateurs réguliers, il existe partout en Asie des zones à taux d'équipement important qui s'étendent chaque jour : côte du golfe Persique, villes des côtes des deux mers de Chine, Corée du Sud, Japon. Rien de tel en Afrique : les statistiques de l'UNESCO font état d'environ 80 téléviseurs pour 1 000 habitants (contre 400 dans les pays occidentaux) dans les pays d'Afrique du Nord, du Maroc à l'Égypte.

Encore s'agit-il, dans des pays où plus de 50 % de la population est rurale, de taux d'équipements non négligeables si l'on ne retient que les grandes villes. Mais on ne trouvera qu'un équipement infime, très souvent destiné à la consommation de cassettes vidéo, dans les cinq pays de l'Afrique sahélienne. Le taux d'équipement des populations (nombre de téléviseurs par habitant) ne dépasse jamais 4 % pour un pays, et ne s'élève au-dessus de 1 % que dans quelques grandes villes des côtes atlantique, dans les grandes villes d'Afrique du Sud, et à Djibouti. L'intérieur de l'Afrique, si l'on s'éloigne de plus de 100 kilomètres de la mer, est, à quelques exceptions près, une immense tache blanche sur l'atlas mondial des télévisions.

Les raisons de cet état de fait sont simples à comprendre et trop profondes pour que la situation ne soit pas durable : les ressources des populations sont très insuffisantes pour permettre une consommation de masse d'un bien comme le téléviseur. L'absence d'industrie locale et de main-d'œuvre qualifiée rend problématique la maintenance d'appareils qui par ailleurs supportent mal l'humidité et la chaleur. Les modes de vie et en particulier l'habitat sont beaucoup moins prêts à accepter le roi téléviseur que ne l'étaient ceux de l'Europe ou des États-Unis dans les années cinquante. L'immensité de certains territoires rend hors de portée financière la mise en place d'un réseau d'artères de transmission, même si la technologie des satellites ouvre certaines perspectives pour les moins pauvres de ces pays.

Enfin, la plupart des États africains ont vu dans la télévision, soit un gadget occidental inutile face aux défis immédiats du développement, soit un élément de prestige dont l'important était qu'il existe et non qu'il ait une audience. De nombreux gouvernements se sont en outre méfiés d'un instrument d'information potentiellement dangereux pour leur pérennité.

## Un immense marché en voie de développement

Pour toutes ces raisons, et malgré une assistance technique et la fourniture quasi gratuite de programmes, notamment de la part de la France, de la BBC et de l'Italie, puis plus tard des pays communistes, la télévision n'a pas réellement démarré en Afrique. Sinon dans l'Afrique des grands hôtels climatisés. Mais il semble que la tendance soit, là aussi, à l'extension du système télévisuel mondial à cette région. Canal France International (CFI), par exemple, est une chaîne qui émet par satellite quatre heures de programme par jour mis à la disposition gratuite des télévisions africaines francophones. Dans certains pays, 30 % des programmes sont obtenus grâce à CFI.

D'abord, la lame de fond des baisses du coût de la technologie commence à jouer. Les téléviseurs de l'Est, ceux des Coréens sont à présent à la portée d'un petit fonctionnaire africain. Un groupement régional d'États peut louer à Intelsat un service par satellite, voire envisager de lancer son satellite (Arabsat en 1985), et contourner l'obstacle financier de la transmission. La délocalisation des activités de production, qui touche à présent l'électronique civile comme elle a touché la sidérurgie ou l'automobile, favorisera l'implantation d'usines locales. Enfin, l'audience sans cesse grandissante du sport en Afrique peut être le détonateur de la constitution d'audiences de masse.

À ce tableau d'ensemble, il faut cependant ajouter les quelques exceptions qui cachent souvent la forêt : la télévision égyptienne est ainsi une des plus brillantes de tout le tiers monde, mais elle est plus tournée vers le Moyen-Orient que vers l'Afrique. Les moyens de production de la toute jeune télévision camerounaise sont de toute première qualité, ainsi que ceux de l'Afrique du Sud, qui lance sa chaîne de télévision payante en 1986. L'audiovisuel africain ne manque d'ailleurs pas de talents comme en témoignent les nombreuses récompenses qu'obtiennent les films de Souleymane Cisse, Idrissa Ouedraogo, Gaston Kabore ou Ousmane Sembene. Mais il faudra dans l'ensemble attendre la prochaine décennie pour voir s'éveiller les marchés africains de la télévision.

# V / Pourquoi la télévision coûte-t-elle cher ?

La télévision coûte plus cher qu'on ne le croit. Environ 12 milliards de francs sont absorbés annuellement par les trois chaînes publiques françaises et les organismes attenants pour concevoir, produire et diffuser les 12 000 heures de programmes annuelles qui défilent sur le petit écran.

Aux États-Unis, le budget d'un seul *network* composé de la tête de réseau et de ses 200 stations affiliées s'élève à une vingtaine de milliards de francs environ.

Même pour une station de télévision locale qui n'arroserait que la commune de Montélimar, il en coûterait 50 millions de francs annuels à ses promoteurs.

Le paradoxe de cette activité provient du fait que ces milliards de francs sont à 70 % — en moyenne — aspirés par les programmes, que l'économiste catalogue comme un bien immatériel, et que le téléspectateur ne perçoit que de façon fugitive et passagère sur son téléviseur. La diffusion, la promotion et les autres frais administratifs se partagent les 30 % restants.

## 1. Les programmes

Les téléspectateurs ont du mal à se représenter l'extrême hétérogénéité des programmes de télévision. Pour eux, le fait qu'il y ait ou qu'il n'y ait pas quelque chose à la télé l'emporte de très loin sur toute autre considération. Or, en termes de coûts comme en termes de contenu, la plage de variation est si grande qu'elle défie toute volonté de typologie rigoureuse. Une heure de télévision peut coûter de 10 000 à 10 millions de francs. La notion de « programme » est aussi vague que celle d'écrit : que penser d'un concept qui recouvrirait d'un même mot le billet de banque et le billet doux, la Bible et l'annuaire du téléphone, le plan du métro et le code civil ?

GRAPHIQUE 3. — UN EXEMPLE DE BUDGET DE CHAÎNE : A2 EN 1990

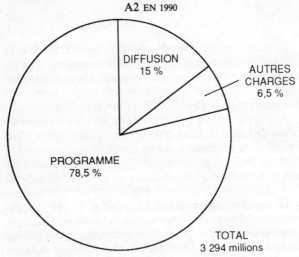

*Source : Projet de la loi de finances 1990.*

Pour y voir clair, il faut retenir deux distinctions. La première part de la grille de programmes, c'est-à-dire le produit final, ce qui est visible, et oppose la production et les achats. Une chaîne de télévision diffuse en gros 8 000 heures par an. La première idée fausse à abandonner, c'est de croire que, du coup, elle doit se procurer 8 000 heures de programmes chaque année. Les petits bouts de programmes quasi invisibles que sont les génériques propres à la chaîne (début et fin des émissions, ceux des journaux télévisés...) représentent, mis bout à bout, une centaine d'heures dans l'année. Il y a ensuite des émissions « institutionnelles » qui sont imposées à la chaîne : discours du président de la République, débats à la Chambre, campagnes électorales, expression directe des groupes sociaux, etc. Elle peut en outre relayer pendant certaines plages horaires les émissions d'une autre chaîne : c'était le cas en France quand le journal régional passait à la fois sur FR3 et sur Antenne 2. Il y a enfin les tranches publicitaires. Tout cela finit par représenter, en général, entre 10 et 15 % du temps d'antenne qui ne correspond pas à de grosses dépenses pour la chaîne (il faut tout de même payer la diffusion et assurer un minimum de tâches techniques).

Il y a ensuite les rediffusions. C'est un terme qu'il faut préciser car il peut recouvrir plusieurs cas de figure. Le cas le plus connu est celui de la rediffusion des films. Les chaînes achètent souvent le droit de diffuser deux fois un film. Et de fait un téléspectateur français peut difficilement avoir échappé au cours de sa carrière à *Rio Bravo*, *La Grande Vadrouille* ou à *L'Homme de Rio*. Mais il y a encore deux autres cas. Celui où la chaîne va s'autorediffuser est le plus visible : un but « d'anthologie » au football peut être montré plus d'une dizaine de fois à l'écran, ou bien plus radicalement, comme La 5e chaîne l'a fait à ses débuts, les programmes complets sont rediffusés en boucle plusieurs fois dans la journée. Enfin, certains programmes transitent d'une chaîne à l'autre, comme les vidéo clips ou les bandes-annonces des films de cinéma.

Si l'on ne compte que la fois où un programme rediffusé est apparu en première diffusion, on constate au total que pour faire 8 000 heures de télévision, il « suffit » en gros de se procurer 3 000 nouvelles heures par an. Et plus la télévision vieillit, plus les chaînes sont nombreuses, plus ce dernier nombre baisse.

Pour se procurer ces 3 000 heures, comme pour les habits, il y a le choix entre le sur mesure et la facture industrielle. Le sur mesure correspond à la production, le reste à des achats de programmes tout faits. Ici, tous les dosages sont possibles : plus on est riche et plus on aura recours au sur mesure, sans toutefois y recourir exclusivement, ne serait-ce qu'à cause des films de cinéma. À l'inverse les chaînes de télévision les plus pauvres ne peuvent pas se passer d'un minimum de production propre (mais pauvre), ne serait-ce que pour les séquences de présentation des programmes.

Mais c'est ici que devient nécessaire une seconde distinction entre les programmes de télévision, essentielle pour en comprendre l'économie : il y a des programmes de flux, dont la valeur économique est détruite lors de leur première diffusion, et des programmes de stock, plus durables. Les premiers sont soit liés à l'actualité (journaux télévisés, reportages, retransmissions en direct), soit conçus comme fugitifs (émissions de jeux, d'une manière générale émissions de plateau). Les seconds correspondent à des genres plus intemporels, films ou séries, essentiellement : à moyen terme, ils pourront donner lieu à une seconde diffusion sans grand risque d'échec en termes d'audience.

Là encore, plus une chaîne dispose de programmes de stock et plus elle est riche : les stocks d'Antenne 2 à la fin 1989, alors que la chaîne songeait à en commercialiser une partie, étaient valorisés à 913 millions de francs, dont 575 millions pour la fiction.

Dans un univers ordonné des chaînes de télévision, on trouverait donc aux deux extrêmes.
— une chaîne produisant beaucoup de programmes originaux, parmi lesquels figureraient de nombreuses émissions de stock : c'est la télévision européenne des années cinquante à soixante ;
— une chaîne essentiellement alimentée de programmes achetés, à faible durée de vie, par les télévisions musicales, telles que feue TV6 en France ou MTV aux États-Unis.

Il reste que, malgré ces distinctions, le coût unitaire d'un programme original produit est élevé : 10 millions de francs par épisode pour *Navarro*, et le double pour un épisode d'une série américaine « exportable ».

Pour mieux comprendre, il faut s'attarder à quelques principes de l'économie de la production télévisuelle. Malgré sa dimension industrielle, sensible notamment à travers la division du travail très poussée pratiquée dans cette activité, la production télévisuelle reste une industrie de prototype, dont le processus de fabrication est long et engage des moyens importants : il suppose en effet une succession de stades jusqu'à la réalisation du produit final et une multiplicité d'intervenants.

Tout commence par une idée originale d'émission qui, à un stade plus ou moins avancé, est soumise à un producteur, interne aux chaînes dans le cas de la télévision française et, au plus haut niveau, responsable d'une unité de programmes. Si la proposition est agréée par le producteur, commence la phase de conception de l'émission proprement dite qui associe le — ou les — scénaristes(s), le réalisateur et ses assistants, personnel recruté au coup par coup le plus souvent.

Ce travail de préparation s'exerce évidemment dans un cadre contraignant : une navette s'instaure entre les créatifs et le bailleur de fonds en vue d'un accord sur le produit final. À l'issue de ces interactions, il y a dans le meilleur des cas un canevas d'émission assorti d'un budget prévisionnel. La phase de conception a souvent duré plusieurs mois : les idées mettent beaucoup de temps à s'imposer, le fossé séparant les créatifs cachetiers et les producteurs salariés n'étant pas de nature à faciliter le dialogue.

Pour les journaux télévisés, cas très particulier de production originale, la préparation est quotidienne et mobilise en moyenne entre 50 et 100 personnes, depuis les rédacteurs en chef jusqu'aux équipes de journalistes.

Pour en revenir au cas plus classique d'une fiction, succède, à la conception, la phase du tournage en plateau ou à l'extérieur pendant laquelle sont présents les acteurs principaux et les figurants, les techniciens de prise de vues et de prise de son, les éclairagistes, les accessoiristes, les décorateurs, l'équipe de réalisation (script, réalisateur, assistant), et enfin ceux qui surveillent les coûts (chargés de production).

Les bobines de pellicule 16 mm, et de plus en plus les bandes magnétiques — puisque, même pour le tournage de fictions, la vidéo tend à supplanter le support argentique — sont ensuite acheminées dans les unités de post-production, dans lesquelles les monteurs sélectionneront les plans retenus dans la version finale, les truqueurs y introduiront des effets spéciaux et les mixeurs y adjoindront la bande-son.

Ces différents aspects conduisent à des budgets par émission de plusieurs milliers de francs, qui, au mieux, dans le cas des programmes de stock, donneront lieu à deux ou trois diffusions.

Il y a par ailleurs peu de raisons de penser que l'économie de la production télévisuelle sera le lieu de gains de productivité importants dans les années à venir.

• En effet, près de 30 % des coûts sont imputables à des coûts artistiques, rémunération des artistes ou des présentateurs-vedettes. En France, malgré un taux de salariat plus élevé à la télévision qu'au cinéma, qui permet de contenir les dérapages inflationnistes, les grands noms de la télé sont pour la plupart rémunérés sous forme d'honoraires fixés en dehors des cadres des conventions collectives : l'attachement du public à un petit nombre de « stars », qui entraîne un faible renouvellement de celles-ci, est à l'origine de la création de véritables rentes de situation qui alourdissent les budgets et créent des tensions à la hausse des coûts de production.

• Il n'y a pas non plus de *gains de productivité* importants à attendre des investissements technologiques opérés sur la chaîne de production : les fortes réticences psychologiques des anciens à les utiliser — ce qui n'est pas une spécificité de la télévision — se doublent d'une hostilité des syndicats, particulièrement puissants et organisés dans cette branche d'activité, à supprimer des emplois : en conséquence, l'introduction de la caméra légère à la télévision française,

| Fiction lourde | 6,13 | Variétés | 1,3 |
|---|---|---|---|
| Fiction légère | 0,97 | Jeux | 0,25 |
| Documentaire | 1,16 | « Talk show » | 0,2 |
| Animation | 3,38 | Magazine | 0,6 |
| Émissions pour le | | | |
| Journal télévisé | 0,94 | | |

*Sources :* CSA, BIPE.

dont l'utilisation suppose théoriquement une personne au lieu de trois précédemment, n'a pas dans les faits conduit à une augmentation du nombre d'heures produites, ni à une réduction des effectifs d'information.

La télévision originale coûte donc cher et même de plus en plus cher. Or, sur les 8 000 heures annuelles nécessaires pour alimenter une grille de programmes, les programmes en première diffusion représentent dans les meilleurs des cas 50 % de la grille.

Ces programmes originaux ne présentent pas cependant des coûts homogènes. Nous avons souligné la grande diversité de la notion de programme. Schématiquement, on peut classer les programmes originaux en deux catégories qui découlent de l'économie duale de la télévision. En effet, c'est pendant les quatre heures du *prime time,* au moment où une chaîne de télévision touche 60 % de son audience, que ses responsables doivent maximiser les temps forts, les rendez-vous, pour créer l'image de marque de leur chaîne et fidéliser les spectateurs.

Ainsi seront programmés entre 18 h 30 et 22 h 30 (*prime time* français) les émissions destinées au public le plus large (variétés, films cinématographiques récents, fictions étrangères...) que la réglementation et aussi la lassitude du téléspectateur obligent à alterner avec des fictions françaises originales.

Cette production de programmes originaux, parfois plus pompeusement baptisée « création », peut représenter jusqu'aux deux tiers du budget total d'une grande chaîne. On ne s'étonnera donc pas que ce soit elle qui fasse les frais de toutes les phases de « rigueur ».

Le reste du temps (le *day time* pour les Américains), le programmateur a recours à des émissions plus bas de gamme, tournées avec de faibles moyens dont la principale vertu est d'occuper la grille à l'attention de catégories de public à faible pouvoir d'achat (chômeurs, personnes âgées et autres inactifs), sans grand intérêt pour les annonceurs. Au hit-parade de ces émissions bas de gamme figurent les « plateaux », qui réunissent autour d'une table et devant une ou deux caméras un journaliste et ses invités. Là encore, les typologies se révèlent simplificatrices : une émission de plateau peut, par le charisme de son animateur *(Caractères)* ou celui de ses invités *(L'Heure de vérité)*, avoir du succès et optimiser ainsi le ratio « coût-audience ». Mais en règle générale, sa vocation est bien d'être située en dehors des carrefours d'audience.

Entre 1979 et 1989, la création française a beaucoup changé... Les diffuseurs lui consacrent en moyenne quatre fois plus d'argent. Mais la contribution par heure a beaucoup baissé avec le développement de la fiction légère copiée sur la *sitcom* américaine, qui représente en France, en 1989, 60 % du volume horaire.

Par cette dérive des grilles de programmation, les programmateurs ont cherché des solutions qui favorisent la baisse des coûts, tout en maintenant le potentiel d'audience.

Dès les années cinquante, les programmateurs français ont, avec l'invention du télécinéma permettant la diffusion de films à la télévision, puisé dans le réservoir cinématographique et acheté directement leurs films aux producteurs. Cette profession affaiblie par le déclin des salles s'est vu imposer des conditions d'acquisition de ses produits très défavorables.

Les chaînes de télévision ont alors radicalement réorienté leur programmation vers ce type de produit, économique puisque d'un prix cinq fois inférieur à celui d'un programme original et que le public, qui avait déserté les salles obscures, affectionnait de retrouver à l'écran. On assiste surtout à une escalade du nombre de films diffusés : 630 films en 1985, 1 000 films en 1990 sur les chaînes françaises, jusqu'à 10 films par semaine sur RTL-Télévision, plus de 65 films en moyenne chaque semaine sur un réseau câble belge.

Le film cinématographique est devenu le cœur de la programmation de la plupart des télévisions européennes. Des voix se sont pourtant émues devant ce pillage du cinéma : des cahiers des charges plus ou moins favorables aux producteurs cinématographiques ont alors été instaurés. Il fallait donc trouver un produit de substitution.

Très tôt les *networks* américains ont perçu l'intérêt de concevoir des programmes de télévision, cette fois plus standardisés, qui puissent être diffusés sur les réseaux du monde entier. L'assaut des séries américaines sur les écrans a alors commencé. Déjà amortis largement sur le territoire nord-américain, ces programmes français, dont *Mc Gyver* et *Santa Barbara* sont les fleurons, nous parviennent à un prix dix fois inférieur à celui des programmes originaux, pour une audience au moins équivalente et souvent bien supérieure.

Les prix d'achat de ces séries américaines, qui représentent environ 70 % des programmes télévisuels échangés au niveau mondial, ne sont pas homogènes : ils varient en effet selon le coût de production, le degré d'amortissement du produit, le nombre des foyers potentiels touchés par ce programme, lié au nombre de téléviseurs du pays d'origine de la chaîne acheteuse, la durée de cession des droits, le nombre de rediffusions et enfin l'heure prévue de sa diffusion.

Implicitement, les distributeurs américains visent à aligner le prix de leurs programmes sur les recettes que sont susceptibles d'en tirer les diffuseurs : à terme, le prix du programme devrait être indexé sur le prix de l'espace publicitaire encadrant sa diffusion.

Mais, même dans ces conditions, le programme acheté demeure attractif en regard du programme produit.

Dans ce processus de substitution, la fonction d'acheteur dans une chaîne de télévision est devenue stratégique, en particulier dans les chaînes privées du monde entier, qui se nourrissent presque exclusivement de programmes achetés — d'occasion — acquis lors des grandes manifestations internationales à Los Angeles ou à Cannes.

Pour les chaînes européennes, ce phénomène de substitution, quoique amorcé, est de moindre ampleur tant les cahiers des charges ont cherché à en limiter la portée : ce phénomène de substitution est plus qu'amorcé. Sur les six chaînes françaises, les programmes achetés représentent environ 30 % du volume de diffusion et 15 % du budget global...

En effet, la tendance observée sur les marchés internationaux durant ces dernières années a été une croissance forte, de 10 % en francs constants par an, que l'on peut interpréter à partir de la simple loi « offre-demande » comme la résultante de l'augmentation des débouchés télévisuels.

En réalité, il faut être plus nuancé : l'augmentation des prix est surtout le fait des programmes locomotives ; mais les distributeurs américains ont noyé ces tensions des prix à la hausse en constituant des *packages* de programmes, sortes de paniers de la « ménagère-programmatrice » qui regroupent programmes bas de gamme bradés et un ou deux « produits » à forte espérance d'audience : ainsi en 1980, 100 films de série ont été achetés par la RAI pour obtenir l'exclusivité de *Autant en emporte le vent*.

Les programmateurs européens ne sont pas à l'abri d'une flambée des prix sur les programmes « leader ». Pour arracher l'exclusivité des meilleurs programmes, des acheteurs de poids tels que Berlusconi se prévalent d'une desserte de près de 50 millions de foyers (Italie, France, Espagne) et d'une capacité d'achat correspondante. Dans ce contexte, les services publics européens n'ont pour seule ressource que de constituer des stocks d'émissions supposées attractives.

En quelques années, on est donc passé, d'une télévision de prestige diffusant des programmes originaux et coûteux, à une télévision laissant plus de place aux émissions bas de gamme et plus standardisées : en contrepartie, elle réussit à émettre du matin au soir sans coûter beaucoup plus cher.

## 2. Les autres coûts

• La *diffusion* des programmes est la seconde composante importante du budget d'une chaîne de télévision : une chaîne nationale d'un grand pays s'acquitte en Europe de 350 à 500 millions de francs par an auprès de l'organisme gestionnaire des moyens de diffusion publics ou privés, soit 20 à 30 % du budget global. Ce qui coûte cher dans la diffusion, ce n'est pas la transmission, mais la distribution finale auprès des téléspectateurs qui suppose l'installation des réémetteurs.

Pour les chaînes de service public, astreintes par leur cahier des charges à desservir l'ensemble du territoire, la part relative de la diffusion est plus élevée que pour les chaînes privées : en effet, les chaînes publiques se font facturer la desserte coûteuse de zones reculées (montagne...) qui n'abritent que quelques spectateurs et que la chaîne privée, qui raisonne en termes de rendement, aurait négligées.

Les territoires de vaste ampleur posent, nous l'avons vu, des problèmes spécifiques qui élèvent le coût du réseau terrien : pour acheminer un signal de New York à Los Angeles, il en coûte seulement 30 millions de francs à la chaîne utilisatrice d'un satellite.

Les pays du tiers monde, qui ne disposent pas encore d'infrastructures au sol, devraient opter pour cette solution. Même dans des pays aux dimensions plus modestes, le satellite tend de plus en plus à suppléer le réseau terrestre : ainsi, la 5 emprunte Télécom 1 pour desservir la France.

• Parmi les autres composantes de coûts, il faut encore compter les coûts de *promotion*, d'autant plus élevés que l'on se situe en contexte concurrentiel. Canal Plus a dépensé 50 millions de francs lors de sa campagne de lancement. Aux États-Unis, c'est en centaines de millions de dollars que se chiffre le budget annuel de promotion des nouvelles chaînes.

• Les coûts de personnel, enfin, varient selon le degré d'intégration de la chaîne. Il est clair que les chaînes européennes qui emploient de 1 500 à 2 000 personnes ont une masse salariale beaucoup plus élevée que de nombreuses chaînes américaines qui se limitent à la fonction de programmation : HBO, chaîne à péage cinématographique, compte 100 personnes en tout pour la tête de réseau.

En dehors du personnel de production, une chaîne de télévision généraliste emploie obligatoirement une équipe de programmateurs, des journalistes (400 pour FR3, 150 pour TF1...) et un personnel administratif.

Nous avons souligné que ce personnel bénéficiait en Europe de statuts avantageux, en particulier des salaires moyens largement supérieurs à l'ensemble des autres secteurs économiques.

# VI / Les ressources

Comment les chaînes de télévision trouvent-elles les millions de francs qui leur sont nécessaires chaque année pour vivre ? En fait, on n'a trouvé que deux grands moyens et beaucoup de petits.

## 1. Le financement public ou parapublic

À l'Est et dans la plupart des pays pauvres, ainsi que dans quelques pays occidentaux (Canada, Belgique, par exemple), les ressources essentielles proviennent du budget de l'État. Cette solution, la plus simple pour assurer une mission de service public, a l'avantage pour les gestionnaires de la télévision de les mettre relativement à l'abri des réactions du public vis-à-vis de leurs productions. Mais cela a l'inconvénient d'en faire des fonctionnaires, ce qui limite leur liberté en matière d'information et conduit généralement, en matière de spectacles, à en faire les hérauts de l'art officiel. Le plus souvent cependant, cette solution n'est pas retenue après un arbitrage entre les inconvénients et les avantages du marché et du financement public, mais parce qu'on n'a pas le choix : pays trop pauvres, trop petits, propriété collective des moyens de production ou crainte qu'une redevance ne soit payée que par une faible minorité de la population.

La plupart du temps cependant, les chaînes publiques sont

alimentées par une redevance dont la perception est assurée par les pouvoirs publics. Son montant nominal est voté annuellement au parlement et acquitté par tous les possesseurs d'un récepteur de télévision. Cette taxe parafiscale assure aux responsables de chaînes une grande indépendance de programmation et les place à l'abri d'une éventuelle sanction du marché et des téléspectateurs.

Elle garantit également aux chaînes une croissance rapide de leurs recettes, durant la phase de développement ou de renouvellement du parc de téléviseurs... Au-delà, le financement des chaînes alimentées uniquement par la redevance devient plus problématique : si, en théorie, rien ne s'oppose à l'indexation du niveau de la redevance sur l'évolution des dépenses du service public, ou sur celle du coût de la vie, les parlementaires des différents pays européens chargés d'en fixer le montant ont toujours cherché à en limiter la progression : le seul moteur de l'augmentation des ressources des chaînes résidait alors dans la croissance du parc et dans la substitution des postes couleur — plus fortement taxés — aux postes monochromes.

Or, dans tous les pays occidentaux, ces adaptations du parc sont en voie d'achèvement : les politiques seraient donc contraints de voter malgré eux une forte augmentation du montant nominal de la taxe, pour faire face à la dérive des budgets de production et aux tensions sur les coûts des programmes qui affectent la plupart des télévisions européennes.

Cette stratégie rencontre en pratique une solide opposition des téléspectateurs, habitués à peu payer pour leurs chaînes nationales, opposition qui se traduit par un « taux de recouvrement » en lente dégradation. Ce terme pudique cache des pratiques en forte expansion de fraude et de non-paiement. La diffusion de chaînes commerciales gratuites diminue en effet la propension des usagers à payer des programmes qu'ils n'auraient pas choisis. La fraude concernerait 12 % des foyers français et atteindrait 20 % en Angleterre. Les réticences des utilisateurs se manifestent également par des retards de paiement de plus en plus fréquents, qui provoquent des difficultés de trésorerie pour les sociétés de télévision et des bouclages budgétaires chaque année plus périlleux.

Les télévisions publiques se sont de fait inclinées, en renonçant à se doter d'armées d'huissiers et d'agents du contentieux, et ont préféré s'ouvrir à de nouveaux moyens de financement tels que la publicité. Cela leur permet d'assurer leur croissance tout en ménageant le porte-monnaie de l'utilisateur final, même si cela les rapproche d'un mode de fonctionnement commercial.

TABLEAU VI. — NIVEAU DES REDEVANCES EN 1989
(en francs)

|  | *Noir et blanc* | *Couleurs* |
|---|---|---|
| Grande-Bretagne ........ | 240,8 | 720 |
| France ................ | 343 | 533 |
| Italie ................. | 380 | 488 |
| Danemark ............. | 656,6 | 1 017,7 |
| Belgique .............. | 672 | 968 |
| Allemagne ............ | 684,5 | 684 |
| Pays-Bas .............. | 517,7 | 517 |

*Source :* SJTI.

## 2. Le financement par la publicité

Moyen complémentaire de financement dans les pays européens, la publicité est la seule ressource des télévisions commerciales : deux conceptions de la télévision, présentées dans le premier chapitre, en découlent.

Dans les télévisions européennes, la publicité est fortement réglementée : la durée quotidienne des spots ainsi que le montant de financements publicitaires ne doivent pas excéder certaines limites, leur emplacement est soigneusement défini, généralement entre les programmes ; les régies publicitaires chargées de collecter la manne publicitaire auprès des annonceurs voient le tarif de leurs espaces fixé par le ministère des Finances et ne sont pas autorisées à négocier[1]. Quant aux annonceurs, ils n'ont pas de droit de regard sur la programmation et déterminent leurs investissements publicitaires « à l'aveuglette », indépendamment du contenu de la grille.

Ce carcan juridique bâti par les législateurs à l'intention des télévisions publiques (notamment en France et en République fédérale d'Allemagne) n'a pas empêché la formation d'une file d'attente d'annonceurs désireux d'intégrer dans leur plan-média ce support de masse irremplaçable qu'est la télévision, et ce, malgré le faible degré de choix dont ils disposent.

Il faut également noter le rôle relativement passif de l'agence de publicité, qui n'a pas la liberté de négocier avec la régie et n'en tire pas des marges importantes, bien qu'elle tente de se rattraper sur les budgets des films publicitaires. Dans les systèmes régulés (France, République fédérale d'Allemagne...), la part de la télévision n'excède pas un cinquième des investissements publicitaires, ce qui se traduit respectivement par la santé florissante de la radio et de

TABLEAU VII. — TÉLÉVISION ET PUBLICITÉ
DANS LE MONDE EN 1989

| Pays | Part de la TV dans les investissements publicitaires sur les grands médias (%) | Part des investissements publicitaires dans le PNB (‰) |
|---|---|---|
| États-Unis | 35,7 | 2,7 |
| Grande-Bretagne | 34 | 1,7 |
| Espagne | 35,4 | 1,5 |
| Japon | 38,1 | 1 |
| Allemagne | 13,4 | 0,9 |
| France | 24,7 | 0,7 |
| Italie | 47,6 | 0,7 |

*Source :* BIPE.

1. La « négociation » pour un support publicitaire consiste à pratiquer des tarifs très en dessous de leur barème officiel. Le taux de négociation peut dépasser 30 % dans la presse écrite.

l'affichage en France, et de la presse en République fédérale d'Allemagne. Au contraire, dans le modèle nippo-américain, plus d'un tiers des investissements publicitaires se tourne vers la télévision.

Comment se répartit ensuite cette manne publicitaire ? En toute rigueur, les investissements se partagent en fonction de la part de marché de chacune des chaînes, telles qu'elles apparaissent dans les résultats des instituts de sondage.

• Dans le système de télévision en régime concurrentiel, les intermédiaires sont les véritables piliers de la filière télévisuelle et sont agités d'incessants mouvements browniens, qui tranchent avec l'inertie et le cloisonnement du système régulé : en effet, les régies du support *outsiders* vont consentir des dégressivités importantes de leurs tarifs, tenter de convaincre leurs annonceurs par tous les moyens, disposeront de cohortes de commerciaux, vendeurs chargés de démarcher les annonceurs, innoveront dans leurs méthodes de marketing, à l'instar de Berlusconi qui propose une tarification des espaces aux résultats effectifs sur les ventes... Au contraire, les canaux « leader » laisseront dériver à la hausse le prix de leurs espaces, le « coût aux mille ».

Cette guerre commerciale que se livrent les supports face aux annonceurs à travers leurs intermédiaires peut même aller jusqu'à accorder aux annonceurs des prérogatives en matière de programmation : emplacement d'une émission, voire nouvelle orientation du contenu.

### Les lois de l'audience

Un enfant né dans les années quatre-vingt, dans un pays industrialisé, a une espérance de vie de plus de soixante-dix ans. Il passera un tiers de sa vie à dormir et les deux autres tiers à des centaines d'activités différentes. Parmi celles-ci deux seulement représentent de grandes masses de temps, un autre tiers à elles deux : le travail et, surtout, la télévision. Mais alors qu'il y a un âge pour l'étude, le temps de l'amour, le temps du travail, il n'y a pas d'âge pour la télévision.

C'est la seule activité non biologique que l'on mène du berceau (presque) au cercueil. Quand l'enfant regardera sa première émission il inaugurera une chaîne qui ne s'interrompra jamais plus. Même les sourds sont téléspectateurs. De ce loisir à la chaîne on peut remarquer qu'il est aussi un des seuls à ne pas s'apprendre. Il vient encore à l'esprit de certains pédagogues (rétrogrades ?) que l'on doit éduquer l'œil pour le cinéma, mais imagine-t-on des « stages de télévision » comme il existe des stages de tennis ?

L'audience est donc le produit d'une activité immédiate, spontanée, massive et passive. Il faut beaucoup de candeur au sociologue pour « découvrir » qu'elle a une structure socio-démographique très proche de celle de la société dans son ensemble : beaucoup de femmes, beaucoup de vieux, un peu moins de jeunes qu'on ne s'attendrait à en trouver (mais la télévision est-elle la seule activité où l'on fasse ce genre de découverte ?). En y regardant de plus près, la structure de l'audience est légèrement décalée par rapport à celle de la population. Et ce décalage est de sens inverse de celui qui sépare la société, de la représentation qu'elle aime à se donner. La publicité ou le cinéma montrent une population nettement plus active, jeune, masculine, fortunée et « marginale » que ne l'est la population réelle. L'audience de la télévision, c'est l'inverse : elle est un peu moins active, jeune, etc.

Au total ce qui plaît à la télévision doit plaire à un public dont le centre de gravité est plus vieux, plus féminin, moins éduqué et surtout plus nombreux que celui de n'importe quel autre moyen de communication. Cela dicte des règles de programmation qu'il n'a été dans le pouvoir d'aucune chaîne au monde d'enfreindre plus d'un an. Une grille se construit autour de quelques carrefours d'information (par exemple : 7 h, 13 h, 20 h, 23 h). Aux heures de grande écoute (le soir), il n'y a en gros que trois possibilités : la fiction (film ou série), les variétés et le sport. De temps en temps, quelques émissions politiques : débats, campagnes, interviews de personnalités.

Croire que c'est la « dictature des indices » qui conduit à ce type de grille stéréotypée, c'est confondre la fièvre et le

# LA MESURE DE L'AUDIENCE

## Les moyens

Quand la télévision apparaît, tout est déjà prêt depuis longtemps pour en mesurer l'audience.

Dès 1924 au Japon, 1928 aux États-Unis ou 1935 en Grande-Bretagne, le développement de la radio avait fait naître de tels besoins de mesure. C'est en 1923 qu'Arthur Nielsen, un ingénieur américain, fonde la société de recherche en marketing qui porte son nom, et qui est à la mesure de l'audience de la télévision, dans quarante pays, ce qu'IBM est à l'informatique. À l'époque, on procède par interrogation téléphonique ou par sondage dans la rue en questionnant des individus sur leur écoute de la veille. En raison du faible équipement téléphonique à cette époque, même aux États-Unis, et en l'absence bien sûr de traitement informatique, ces méthodes sont relativement lourdes et lentes. Mais, dès 1939, le MIT met au point pour Nielsen le premier audimètre mécanique. La France n'a découvert les audimètres que dans les années quatre-vingt, sous le terme d'« audimat », transformé depuis 1989 en « médiamat ».

Pour mesurer l'audience de la télévision, les instituts spécialisés utilisent plusieurs moyens complémentaires.

• *Les audimètres* sont des boîtiers électroniques reliés au téléviseur et qui enregistrent sans intervention humaine l'état du poste : éteint ou allumé, sur tel ou tel canal. La nuit, on interroge par les lignes téléphoniques les audimètres et un ordinateur effectue les calculs, qui seront communiqués aux intéressés le matin même. Avantages des audimètres : rapidité, automaticité, mesure permanente. Inconvénients : ils sont coûteux, parfois fragiles et donc en pratique conduisent à des échantillons restreints (2 000 foyers).

• *Les sondages*, téléphoniques ou face à face, permettent de dresser un portrait plus fouillé de l'audience. Mais en contrepartie d'un échantillon plus important, il n'est pas possible de les mener en permanence. Ils donnent donc une photographie, de loin en loin, du phénomène. Cette photographie est parfois faussée (comme en France jusqu'en 1986) si les chaînes connaissent les dates des sondages et modifient leur programmation en conséquence. On utilise alors des sondages permanents (par téléphone), mais bien entendu plus coûteux.

• *Les panels postaux* (ou échantillons permanents) sont composés de téléspectateurs qui remplissent un carnet d'écoute. Cette troisième méthode allie en principe l'avantage de la première (fournir des données en permanence) et celui de la deuxième (saisir les audiences individuelles pour un échantillon qui peut être important). Mais elle en cumule aussi les inconvénients : comme pour les sondages, ses résultats sont connus avec lenteur et comme les audimètres elle pose des problèmes d'interprétation.

thermomètre. Le livre entier ne suffirait pas à parcourir le cimetière des expériences d'une « programmation différente » mortes au champ d'honneur de l'audience confidentielle.

On ne compte pas non plus les interprétations erronées de ce phénomène. La plupart du temps elles se désolent du cynisme des programmateurs : le public est un troupeau de bovins assoiffés de médiocrité. Plus c'est nul, plus c'est regardé, etc. Et le commentateur de s'insurger contre cette vision pessimiste de l'âme humaine et à tout le moins du goût du peuple. Mais c'est ne rien comprendre à ce qu'est l'audience de la télévision. L'audience de la télévision n'est pas une substance dont les atomes seraient des gens. Elle est faite de ce que les gens font à un moment précis. Il y a là beaucoup plus qu'une nuance. Un programme de télévision n'est offert qu'à un moment donné. Il n'est pas confronté au goût, relativement permanent, d'un « public », mais à sa disponibilité à un moment précis. Pour illustrer la différence, on peut se demander par exemple quelle est l'« audience » instantanée de l'ensemble des œuvres de poésie parmi les professeurs de lettres ? Puis quelle est la proportion d'entre eux qui, un soir donné entre 20 h et 22 h, sont en train de lire de la poésie ? Elle sera probablement plus faible que la proportion des téléspectateurs qui, un soir donné, opteront pour une émission culturelle. Doit-on en déduire que les professeurs de lettres n'aiment pas la poésie ? Ce serait un petit peu comme si, en faisant des sondages réguliers dans les chambres à coucher de mille couples, on déduisait du fait qu'en moyenne on ne trouve qu'un couple sur 100 en train de faire l'amour que les couples n'aiment pas faire l'amour, l'« audience » du sommeil étant en moyenne de 99 %.

L'audience de la télévision est donc le produit de l'arbitrage opéré par chaque individu-téléspectateur dans l'affectation de son temps disponible et non pas le reflet de ses goûts intemporels dans l'absolu.

Par ailleurs, l'audience de la télévision est bien un phénomène de masse, qui lui confère rigidité et inertie : c'est ce qu'ont appris à leurs dépens les promoteurs de chaînes thématiques, visant des fractions très ciblées de téléspectateurs (télévision « alternative » ou « différente ») ou même les producteurs d'émissions haut de gamme ou culturelles, cherchant à toucher un public traditionnellement non pris en compte dans la grille au *prime time*. Il apparaît qu'il y a davantage d'ouvriers et de personnes âgées qui regardent *Apostrophes* que de titulaires du baccalauréat. Ainsi, les projets de ciblage touchent quantitativement beaucoup plus en dehors que dans leur cible.

En effet, à l'intérieur du foyer de téléspectateurs, ces minorités « télévisuelles » ne sont pas toujours en mesure d'exercer leur choix, et d'imposer leurs arbitrages aux autres membres de la famille, dans un contexte où le mono-équipement en téléviseurs prévaut largement.

Au total, si le lecteur veut garder une idée simple de la qualité scientifique de la mesure de l'audience, il faut retenir ces deux faits qui ne sont contradictoires qu'en apparence : très peu d'informations statistiques ayant une importance réelle sont aussi mauvaises que la mesure de l'audience d'une émission particulière, un jour donné. Aux États-Unis un foyer équipé d'un audimètre « représente » l'avis de plus de 120 000 personnes.

La marge d'erreur, pour les trois quarts des émissions (tel créneau horaire, tel jour), est telle qu'elle limite à peu de chose ce qu'on peut dire à partir des résultats. Un article célèbre de l'hebdomadaire de télévision américain *TV Guide*[2] montrait ainsi que le programme classé 19e lors du dernier trimestre de 1977 avait en toute rigueur une chance sur trois d'avoir été en fait plus regardé que celui classé 9e... ou moins que celui classé 34e. Le détail prend toute son importance quand on sait qu'au-delà de la 30e place au « top 40 » de Nielsen un programme risque fort d'être passé à la trappe sans délai.

Mais, à l'inverse, il est vrai également qu'aucun phénomène social n'est mesuré avec autant de constance, de rigueur et de précision que l'audience de la télévision en général. D'abord, parce qu'il s'agit sans doute du seul phénomène faisant l'objet de sondages permanents. Ensuite, parce que si les échantillons, à un instant donné, sont

---

2. « Can you believe the ratings ? », David Chagall, *TV Guide*, 24 juin 1978.

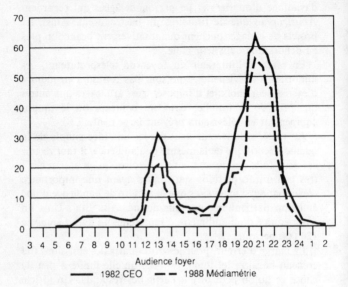

Audience foyer
——— 1982 CEO   — — 1988 Médiamétrie

*Source :* BIPE.

relativement restreints, le cumul de leurs informations, sur un mois par exemple, devient en revanche statistiquement très fiable.

*Les inconvénients du financement par la publicité*

• Pour les plus petites chaînes, les mesures d'audience sont imprécises pour les petits marchés et, qui plus est, coûteuses… Elles conduisent souvent à dissuader les annonceurs : les exemples des télévisions locales hertziennes où des chaînes câble américain en témoignent.

• Pour les tranches horaires à faible écoute, le même phénomène se reproduit : même si leur coût relatif est

## Les indicateurs

Toutes les méthodes conduisent à des résultats statistiques dont les principaux sont connus sous les dénominations suivantes.

• *La durée d'écoute*, pour un jour moyen, ou pour tel ou tel jour, de l'ensemble de la population ou d'une catégorie particulière, pour l'ensemble de la télévision ou pour une chaîne précise.

• *La pénétration* est la part des téléspectateurs potentiels ayant regardé un programme. Ce sont les fameux *ratings* américains ou indices audimat en France. Dire qu'une émission de variétés a « fait » 30 points peut signifier deux choses : soit qu'en un instant quelconque de l'émission il y avait en moyenne 30 % des personnes équipées d'un téléviseur à l'écoute. On parle alors de pénétration moyenne, ou, plus souvent mais improprement, d'audience moyenne. Soit « avoir fait 30 points » signifie que 30 % des téléspectateurs ont, au moins une fois, regardé un bout de l'émission. On parle alors d'audience « en cumulé ». Naturellement réaliser 30 points en cumulé est nettement plus facile que 30 points en moyenne.

• *La part de marché* (ou *share*, en américain) désigne, pour un programme ou une chaîne donné, la proportion des téléspectateurs effectifs qui regardaient, en moyenne, cette chaîne ou ce programme.

inférieur à celui du *prime time*, les annonceurs privilégient l'effet de masse possible uniquement entre 18 h et 22 h. Il en résulte une croissance des prix des espaces au *prime time* que beaucoup d'annonceurs ne peuvent pas suivre. La télévision est alors monopolisée par des entreprises nationales et, de plus en plus, internationales. Mais pour le support, cela signifie une difficulté à rentabiliser ses espaces de l'après-midi, donc un rendement des investissements en programmes très faible que contribuent difficilement à augmenter des ventes d'espace « liées ».

• Les marges croissantes des intermédiaires, régies, agences, centrales d'achat, producteurs de spots qui viennent en déduction des recettes du support. .

• Comme sur tout autre média, la mesure de l'audience d'une émission de télévision est périlleuse : on sait en effet combien de lecteurs ont acheté un journal, ou vu un film dans une salle de cinéma, mais *a posteriori*. Les risques d'erreurs sont beaucoup plus élevés à la télévision. Parler de rendement d'un investissement publicitaire est donc hasardeux : combien de personnes étaient présentes au moment du spot, que faisaient-elles en regardant la télévision ? La mise en évidence du *zapping* à partir de 1984-1985 a agité les milieux des annonceurs... Qui regarde vraiment les *spots* ?

Tout cela est de nature à remettre en cause le rendement des investissements publicitaires sur le support TV.


## 3. Les autres types de ressources

En dehors des deux modes de tarification que sont la redevance et la publicité, les autres types de ressources ne représentent pour une chaîne de télévision qu'un apport complémentaire et marginal.

Quelques recettes *annexes* peuvent venir grossir le flux de ses ressources financières.

• *Les ventes de programmes* sont à l'origine dans la plupart des télévisions occidentales de 5 % à peine des ressources des chaînes. Aux États-Unis, en effet, la production n'est pas intégrée dans les chaînes elles-mêmes et les ventes de programmes rémunèrent directement les producteurs *(Majors, Indépendants...)*. Dans les pays européens, la production télévisuelle développée sur une base très nationaliste se prêtait mal aux exportations. Plus généralement, la vente de programmes s'oppose dans de nombreux pays à des quotas pesant sur l'origine des programmes, qui ont pour effet de limiter les flux d'échanges.

Il y a toutefois des exceptions. La BBC a su profiter de l'étendue de la communauté linguistique anglaise et a structuré des services très offensifs de commercialisation des images. En Amérique du Sud, TV Globo au Brésil parvient à écouler ses produits bas de gamme *(telenovelas)* auprès des chaînes des petits pays confrontés à des difficultés financières.

• *La publication de revues de télévision ou d'ouvrages dérivés des émissions* constitue une autre source de financement non négligeable. En France, les revues qui présentent les programmes de télévision *(Télé 7 jours, Télé-Poche, Télé-Loisirs)* ne sont pas aux mains des chaînes de service public. En revanche, les hebdomadaires que feuillette le téléspectateur anglais appartiennent soit à la BBC (qui gère par ailleurs un important département d'édition), soit à ITV. Les chaînes commerciales italiennes (les trois réseaux berlusconiens) ou belgo-luxembourgeoises (RTL) n'ont pas non plus manqué cette occasion de diversification avec respectivement les revues *Sorrizi e Canzone* (« Sourires et chansons ») et *Télé-Star*.

• *L'édition de services sur de nouveaux médias.* Pour une chaîne de télévision, une stratégie d'éditeur multimédias n'est pas forcément un vain mot. Elle peut en effet être amenée à se déployer sur de nouveaux services non seulement pour se procurer des recettes, mais pour moderniser son image de marque et surtout fidéliser une fraction du public haut de gamme et ouverte aux innovations. Ainsi en France, TF1, A2 et FR3 se sont engagées dans la télématique interactive avec la production de services de jeux, d'informations ou de « boîtes aux lettres » spécialisées appelées à toucher potentiellement en 1990 plus de 5 millions de foyers. De même, la plupart des chaînes européennes de service public, ainsi que les chaînes privées d'outre-Atlantique, ont cherché à se positionner sur la fourniture de programmes et de services aux câblo-distributeurs.

• *L'exploitation de droits dérivés*. Les personnages de films d'animation ou d'émissions pour enfants donnent lieu à différentes exploitations commerciales notamment dans le secteur du jouet ou de l'agro-alimentaire. L'utilisation de ces personnages est en effet de nature à promouvoir les ventes de certains produits et doit être rémunérée en conséquence. Lorsqu'une chaîne diffuse Goldorak, elle perçoit une part des droits dérivés versés par les licenciés. Ces droits sont amplifiés lorsque la chaîne est elle-même productrice de programmes.

Parallèlement à ces recettes annexes existent des recettes que l'on pourrait qualifier d'*indirectes*, car elles sont le plus souvent gérées par des intermédiaires.

Ainsi, la *vente d'espace* s'est diversifiée dans ses formes. Compte tenu des contraintes entourant le financement des chaînes par la publicité, il a fallu renouveler les modes d'intervention financière des entreprises.

Le *sponsoring* s'est développé. Plutôt que de promouvoir un produit, l'opération de *sponsoring* met en valeur l'image de marque globale d'une entreprise, sans que le contenu de l'émission financée ne renvoie explicitement à la nature des activités du financeur. Cela suppose également une intervention théoriquement réduite de l'entreprise sur le contenu de l'émission ; sa raison sociale figure seulement au générique du programme sponsorisé.

L'exemple français qui a défrayé la chronique est celui de *Cocoricocoboy* « sponsorisé » par Orangina. Mais aux États-Unis, les grandes entreprises consacrent de lourds budgets à la production de programmes audiovisuels ; en particulier sur la chaîne publique PBS, d'autant que la législation fiscale américaine les y encourage fortement.

Sur le continent européen pourtant, beaucoup de scepticisme plane sur la rentabilité réelle de ce type d'investissements dans l'audiovisuel : les directions de marketing encore dominantes dans l'élaboration politique de communication des entreprises ne reconnaissent au sponsoring aucune fiabilité : les campagnes restent marginales et le sponsoring de programmes audiovisuels ne représente en France que quelques dizaines de millions de francs, soit 5 à 10 % à peine des investissements globaux de parrainage, tous supports confondus.

Il est vrai que la télévision s'est davantage affirmée aux yeux des annonceurs comme un faire-valoir indispensable de campagnes de sponsoring menées dans d'autres domaines tels que le sport : ainsi pas de stratégie de sponsoring rentable et envisageable en voile, football... sans retransmission télévisée. Pour l'instant, cela ne génère officiellement aucune recette spécifique pour les chaînes de télévision.

La location directe d'espace aux entreprises, dans le cadre d'*émissions dites « institutionnelles »* les présentant au grand public, ou s'adressant, grâce au cryptage, à leur propre personnel, a eu jusqu'ici indéniablement plus de succès : il faut voir là la difficulté pour les entreprises de concevoir une politique de communication qui ne les mette pas directement en avant. Les balbutiements du *mécénat*, qui se distingue du *sponsoring* par le fait que le financeur n'a aucune prérogative sur le contenu de l'émission, ne s'expliquent pas autrement.

• *Un moyen de financement plein d'avenir : le péage.*

Parallèlement à la publicité et à la redevance dont les signes d'essoufflement sont perceptibles et aux autres moyens plus marginaux, les années soixante-dix ont vu l'émergence d'un troisième type de ressources : *le péage*. À l'origine, la rémunération du service rendu par le biais d'un abonnement régulier a été introduite sur les chaînes thématiques américaines, distribuées par câble, support dont nous avons souligné le faible rendement publicitaire. À la suite d'HBO d'autres chaînes ont suivi. Aujourd'hui, plus de 25 chaînes à péage existent dans le monde.

Ce moyen de financement comporte pourtant des inconvénients. Il exige un travail de collecte et de perception des abonnements important ainsi que des méthodes de cryptage souvent coûteuses. Environ 20 % du budget de

Canal Plus sont consacrés à la gestion du cryptage des abonnés. De plus ce mode de tarification est susceptible de confronter les chaînes aux limites du budget des ménages consacré à la communication, contrairement aux chaînes commerciales notamment qui s'appuient sur le financement des entreprises. Mais nous l'avons souligné, l'observation du marché américain prouve que ces budgets sont très extensibles. Même s'ils ne regardent que deux ou trois chaînes, les ménages américains s'abonnent à une dizaine de chaînes optionnelles à péage.

Plus généralement, le péage expose la programmation et les ressources des chaînes à la sanction du public. Mais, en contrepartie, c'est un moyen de financement direct qui exclut la médiation des régies et des agences sur laquelle le support n'a aucune emprise et permet de caler les recettes de la chaîne sur la croissance effective du marché final, et non plus à l'instar de la redevance sur un parc de récepteurs appelé à stagner.

Dans ce contexte de maîtrise des recettes à laquelle aspire toute entreprise, le péage devrait s'imposer comme le mode de tarification du futur des supports télévisuels, en particulier pour les chaînes ciblées, appelées à se multiplier, et désavantagées par le financement publicitaire. À travers le péage, les pertes en ligne fortes avec la redevance et la publicité sont diminuées car les circuits de financement sont raccourcis. La comparaison du rendement financier de différentes télévisions occidentales calculé sur la base de leurs recettes totales (publicité, redevance ou péage drainés annuellement) démontre l'efficacité de ce mode de tarification.

Malgré son jeune âge et sa faible part de marché, Canal Plus aurait donc un rendement financier par foyer plus élevé que celui des *networks* américains. En Grande-Bretagne, le rapport Peacock a recommandé de généraliser ce mode de financement, dans les années 90, à toutes les chaînes de télévision.

TABLEAU VIII. — RENDEMENT DES TÉLÉVISIONS

| 1989 | % Audience (1989) | Ressources en milliards de francs | Rendement par % d'audience en francs |
|---|---|---|---|
| TF1 | 41 | 5 837 | 142 |
| A2 | 24 | 2 794 | 116 |
| FR3 | 10 | 3 429 | 343 |
| La 5 | 12 | 1 938 | 161 |
| M6 | 6 | 265 | 44 |
| Canal Plus | 4,5 | 5 120 | 1 137 |

*Sources :* Médiamétrie, *Rapport d'activité* ; loi de finance 1991.

# VII / La gestion d'une chaîne de télévision

Une chaîne de télévision gagne ses ressources en obtenant de l'audience. Cela peut être très indirect, comme dans le cas des chaînes de service public dont le budget est alimenté par une redevance. Dans ce cas, c'est le parlement qui en détermine le montant, ou un ministère dans le cadre d'une économie planifiée. Mais, même indirect, ce mode de financement est fondé sur l'audience. La chaîne aura d'autant plus de mal à obtenir des ressources que son audience est confidentielle. À l'inverse, il est très impopulaire de ne pas donner les moyens qu'il réclame à un média aussi « visible » socialement qu'une chaîne de télévision très regardée.

Mais, dans le cas d'une chaîne commerciale, la relation entre l'audience et les ressources est en apparence plus directe. On a vu que les annonceurs publicitaires paient en fonction d'un nombre d'auditeurs. Ainsi dans un même pays une chaîne avec deux fois plus d'audience qu'une autre devrait avoir deux fois plus de ressources. En fait, on aurait tort d'exagérer les différences dans les problèmes de gestion que rencontrent les chaînes publiques et commerciales. Si on les compare à n'importe quelle autre entreprise, ce sont leurs points communs qui doivent retenir l'attention.

## 1. Deux spécificités d'une entreprise de télévision

• En premier lieu, on peut schématiser l'économie d'une chaîne comme une machine à transformer des investissements dans les programmes en recettes tirées de l'audience de ces programmes. La première chose qui frappe quand on étudie cette machine, c'est sa non-répétitivité. Pour un professionnel de la télévision, le schéma que nous évoquons paraîtra bien théorique : ce ne sont pas les mêmes personnes qui choisissent et achètent des programmes étrangers ou qui mettent en production des émissions nouvelles et encore moins qui s'occupent de faire rentrer les recettes tirées de l'audience. La division du travail est en effet très poussée la plupart du temps à la télévision. De ce fait, chaque opération ponctuelle (achat, production, élaboration de la grille, vente) apparaît pour le professionnel qui l'anime comme une action isolée, contingente, non reproductible : on a acheté tel programme parce que c'était la condition *sine qua non* pour obtenir tel autre que l'on voulait absolument, ou parce que l'attachée de presse était jolie. À la différence d'une industrie classique qui peut rationaliser ses choix en matière de consommations intermédiaires, une télévision semble condamnée à un empirisme à peine tempéré par quelques « trucs de métier » dans sa politique d'approvisionnement. À l'autre bout de la chaîne, l'audience d'une émission dépend de tellement de facteurs que son niveau exact semble l'effet du hasard : y avait-il un match important ce soir-là sur une autre chaîne, ou un « gros film », quel était le jour, l'heure, la saison, qu'avaient dit du programme les principaux journaux de télévision, etc. ? Et pourtant c'est bel et bien le niveau exact de l'audience qui déterminera le niveau des ressources que la chaîne peut attendre. Mais il est très difficile d'élaborer à ce sujet une politique rigoureuse maximisant l'efficacité des moyens mis en œuvre.

Les raisons de cette difficulté sont parfois objectives : l'idéal serait de pouvoir s'interroger, à chaque franc investi dans les programmes, sur l'espérance de recettes que cette dépense peut faire naître. Et de ne retenir que les projets les plus « rentables ». Mais, comme d'ailleurs dans la plupart des autres activités économiques, le problème provient en premier lieu du décalage entre les dépenses et les recettes.

Supposons qu'une chaîne prenne au 1er janvier d'une année la décision de financer la production d'une série de 52 épisodes de 52 minutes. Elle commencera à s'engager (et à dépenser) au cours du premier semestre de cette année. La version définitive du premier épisode apte à être programmé ne sera sans doute pas disponible avant le début du printemps de l'année suivante. Si ce feuilleton est un succès d'audience, celui-ci ne sera mesuré par les instituts spécialisés qu'au bout de quelques épisodes, puis transmis et connu des intermédiaires publicitaires avec un peu de retard. Le temps que la régie publicitaire fixe ses tarifs pour le créneau horaire correspondant aux passages de cette série, que les annonceurs acceptent de considérer ces plages comme attractives et on ne peut guère espérer engranger les bénéfices d'un choix de production judicieux avant l'automne. Dans l'année et demie qui a séparé la première dépense des premières recettes (ce délai peut encore être allongé dans le cas de chaînes publiques), le paysage a eu le temps de changer, les goûts du public de se déformer et, en clair, tout calcul économique a eu le temps d'apparaître comme une vaine chimère. Même pour les *networks* américains.

Cette particularité du système n'est pas sans conséquence sur la structure du pouvoir dans les chaînes de télévision. C'est un puissant facteur favorisant le *star system* à tous les échelons. Comme on achète et produit en faisant des paris, tout facteur de diminution du risque est pain béni. D'où la préférence pour des valeurs sûres, l'homéostasie du système des vedettes du petit écran, et les salaires parfois très élevés des acheteurs qui parviennent à être des stars de leur métier. Avoir du nez est une qualité qu'un directeur de chaîne paiera très cher.

En revanche, ce même délai qui sépare une décision de sa sanction financière devrait interdire la « starification » des PDG des chaînes de télévision. La victoire dans la conquête de l'audience instantanée a beau paraître une mêlée confuse et quotidienne où la tactique du combat de rue prime sur la stratégie, s'il y a bien une stratégie, c'est la politique à long terme d'achats et de production qui explique l'audience *moyenne* d'une chaîne. Or, bien souvent, les dirigeants des chaînes ne restent pas en place assez longtemps pour voir leur stratégie, s'ils en ont une, porter ses fruits. On les juge donc en général sur des résultats que l'on devrait attribuer à leurs prédécesseurs.

• La seconde caractéristique des entreprises que sont les chaînes de télévision est sans doute qu'en apparence elles ne vendent rien. Ce qu'elles vendent réellement (l'attention et le temps des téléspectateurs) est impalpable, et ce qui est visible (les programmes), elles ne le vendent pas. Une conséquence intéressante de cette particularité est la vague conscience de chacun des partenaires de la télévision d'en être le propriétaire légitime. Le client d'une boucherie, une fois payé son steak, ne s'estime pas pour autant propriétaire de la boucherie. Il n'en va pas ainsi pour la télévision : le public, les groupes de pression, le pouvoir politique, les annonceurs, estiment tous, à des degrés divers, que la télévision a vocation à être leur chose. Quand d'aventure son autonomie se manifeste, cela provoque inévitablement un sentiment de vol plus ou moins violent. Du mouvement conservateur *Fairness in media* — qui en 1985 voulait prendre le contrôle de CBS, jugée trop libérale — aux rapports parlementaires du sénateur Cluzel en France, en passant par les velléités récurrentes des annonceurs de créer « leur » télévision, il y a un fil conducteur. Les professionnels de la télévision ont rarement su apporter une réponse convaincante à cette perpétuelle mise en cause de leur existence autonome. Leur fréquente mégalomanie les empêche souvent de plaider que leur entreprise est une entreprise comme les autres, ne méritant pas cet excès d'honneur que représente la sollicitude pressante dont ils sont l'objet. La thèse lénifiante selon laquelle la télévision n'est « que le reflet » de la société dans ses différentes dimensions incite immanquablement l'interlocuteur à expliquer qu'il préférerait tenir lui-même le miroir. Il n'est pas question ici de traiter un problème aussi vaste, mais simplement de remarquer que la gestion des chaînes en porte les traces. Aux États-Unis, les annonceurs sont aussi de grands fournisseurs de programmes (Coca-Cola ou Procter et Gamble en tête...) ; en Allemagne, les partis politiques contrôlent de fait le contenant et le contenu de l'audiovisuel, et dans les pays de l'Est la télévision semble devoir se contenter du plus grand commun dénominateur de ce qui est montrable dans les différents médias.

## 2. Les particularités de sa gestion

La télévision est un ensemble de programmes qui se succèdent. Mais ils ne se succèdent ni dans n'importe quel ordre, ni à n'importe quelle heure. Sans doute la principale fonction à remplir pour faire une télévision est-elle de constituer une grille d'émissions. C'est la fonction éditoriale. Pour cela le programme doit maximiser un objectif, généralement l'audience ou le nombre de téléspectateurs, sous la contrainte de respecter un budget et la réglementation.

• *La programmation.* Pour commencer, il y a des points de passage obligés dans toute grille : des journaux télévisés, entre 19 h et 21 h suivant les pays, le soir, et entre 12 h et 13 h le matin. Ensuite il faut s'adapter au mode de vie des téléspectateurs : une émission dans la journée n'atteindra pas les actifs, on atteint plus facilement les jeunes pendant les vacances scolaires en fin d'après-midi qu'un matin de semaine à 10 h. Si l'on décide de couvrir certains événements sportifs, il faudra adapter la grille à leurs horaires. Enfin, on peut donner une plus ou moins grande place aux films ou aux feuilletons (la fiction), à l'information (magazines ou journaux d'information), à la distraction.

Dans les pays occidentaux, la programmation concentre ses efforts sur un petit nombre d'heures, le *prime time*, entre 18 h 30 et 22 h 30. Là se réalise près de 60 % de l'audience de la télévision. Un spot publicitaire à ces heures-là peut rapporter à la chaîne plus de dix fois ce que rapporte un spot l'après-midi. C'est pour cela qu'au *prime time*, les programmateurs placeront des émissions susceptibles de réaliser le plus grand consensus à l'intérieur des foyers de téléspectateurs, ce que les Américains appellent le LOP, *less objectionable program* (film, série ou variété).

Cependant, il n'y a pas vraiment de recette toute faite pour constituer une grille de *prime time* : cela dépend du jour, du mois, du pays, du nombre de concurrents, de la réglementation. Mais si l'on prend un jour, une chaîne et un pays au hasard dans le monde occidental, on a toute chance de voir ceci à la télé : d'abord une heure de jeux entrecoupés d'informations locales, puis une demi-heure d'informations nationales et internationales, ensuite un film ou un feuilleton télévisé et une émission de variétés, puis pour terminer la soirée, une émission magazine.

Le métier des programmateurs consiste à choisir des émissions toutes faites ou des projets parmi les propositions que leur font des producteurs locaux, intégrés ou non à la chaîne, et des distributeurs internationaux.

## La gestion des hommes

• *Les techniciens : un « État dans l'État ».* Si la fonction de programmation est exercée par un nombre restreint de personnes, les techniciens au sens large constituent en revanche le corps de métier le plus important d'une chaîne de télévision, notamment dans le cas où celle-ci dispose de son propre outil de production : près des deux tiers des effectifs d'une chaîne sont alors composés de ces artisans de l'ombre, invisibles et méconnus, et qui sont pourtant les rouages essentiels de ce média.

Sous le vocable de techniciens, il faut cependant distinguer le personnel attaché à la production, qui se répartit entre le tournage, le montage et la post-production, de celui affecté à la diffusion, chargé de capter, traiter et émettre les signaux de télévision.

Malgré des origines différentes, puisque les métiers de la production dérivent du cinéma, alors que les techniciens de la diffusion proviennent des télécommunications, ils constituent une corporation puissante et soudée, qui en France s'est regroupée au sein de syndicats tels que le SURT.

La profession en a retiré d'importants acquis sociaux sous forme de rémunérations élevées et de garanties d'emplois.

Ce personnel se caractérise par un faible taux de renouvellement dû au monopole, par une certaine inertie opposée à l'introduction de nouvelles technologies rencontrées récemment avec la vidéo ou la BETACAM, mais aussi pour les plus anciens, mémoire vivante des débuts de la télévision, par un attachement au travail, à l'institution télévisuelle, qui en font les héritiers directs d'une grande tradition artisanale.

Ce milieu est pourtant en mutation : la numérisation croissante de la chaîne de production, la disparition progressive du film comme support de tournage, font que les jeunes techniciens sortis des BTS électroniques ou des écoles informatiques tendent à supplanter les anciens. Une nouvelle culture technique est à l'œuvre à la télévision, elle ne se gère pas comme la précédente.

• *Les créateurs.* Sous la tutelle des producteurs et des responsables d'unités de programmes qui sont à la télévision à l'initiative des émissions à produire, on trouve les créateurs, qui assument la partie artistique de la production.

Dans ce sous-ensemble des métiers de la production, il est constamment fait référence à un âge d'or, qui date des années soixante/soixante-dix, où la télévision française était faite par les créateurs. Tout le monde a en tête les émissions prestigieuses des *Cinq colonnes à la une*, de la *Caméra explore le temps*, ou des dramatiques adaptées à l'écran, époque animée par une poignée de réalisateurs tels que Santelli, Bluwal, Drot ou Prat...

Aujourd'hui, il est vrai, il est impossible au téléspectateur de citer un seul nom de réalisateur de télévision. Les causes en sont bien connues : le nombre d'heures de fiction originale n'a fait que diminuer au cours des deux dernières décennies. Les émissions bas de gamme (jeux, *talk-show*, émissions de plateau) s'y sont progressivement substituées ; le pouvoir des réalisateurs à l'intérieur des chaînes en a pâti, puisque leur intervention sur ce type de programmes est beaucoup plus limitée et n'appelle pas de qualités artistiques particulières.

Par ailleurs, la concurrence croissante que se livrent les chaînes entre elles n'a pas manqué de réduire encore leur poids au sein de l'institution : le recours au film cinématographique ou à la série étrangère standardisée a tué la dramatique, qui a perdu ses lettres de noblesse.

La résultante de cette évolution est que les créateurs — réalisateurs, directeurs de photographie — ont été contraints d'abandonner le statut de salarié de la télévision pour adopter celui de travailleur intermittent ou temporaire.

Sur les 700 réalisateurs recensés en France par la CFDT, seule une centaine vit uniquement de la télévision. Cette précarisation de la création qui affecte tous les acteurs de la création télévisuelle, et que n'ont pas pu empêcher des syndicats représentatifs dispersés, rapproche la télévision des autres branches artistiques où l'éditeur n'assume pas le risque de la création (édition littéraire, cinéma, édition phonographique).

En 1985, pourtant, les réalisateurs de télévision sont parvenus à se faire reconnaître le statut d'auteur dans la nouvelle législation concernant les œuvres artistiques. Mais il s'agit d'une victoire à la Pyrrhus qui ne doit pas masquer la vassalisation croissante des métiers de la création.

• *Les journalistes*. 15 % du budget, 15 % des effectifs, 19 % du temps d'antenne, et un rôle moteur dans l'audience du *prime time* : ces ratios confèrent à l'information un rendement plus qu'honorable, alors que beaucoup s'inquiètent du sureffectif qui affecte la profession de journalistes audiovisuels de la télévision française : 300 journalistes environ sur A2 et TF1, 600 à FR3 répartis dans les 12 bureaux régionaux de la chaîne.

Ce sureffectif provient pour partie de la sensibilité de cette profession aux changements politiques. Tout renouvellement de gouvernement entraîne sa cohorte d'« indésirables », en particulier au sommet de la hiérarchie, parmi les directeurs de l'information ou les chefs de rédaction.

Or, le statut de service public protège ces évincés de tout

licenciement : ils sont rangés pudiquement « au garage », où tout en continuant à être rémunérés, souvent grassement, on n'exige plus rien d'eux sinon de se taire.

Encore plus exposée, la fonction de présentateur du journal télévisé ; mais avec ici la contrepartie éclatante de la notoriété ou de la gloire, puisque tous les soirs, à peu près quinze millions de personnes sont accrochées à leurs lèvres, guettent leur sourire et commentent la couleur de leur cravate ou de leur chemisier.

Mais il ne s'agit bien là que des sommités de la profession. Plus bas dans la hiérarchie, on trouve des journalistes qui n'ont rien à envier à ceux de la presse écrite : formés sur le tas, sauf quelques rares élus sortant des écoles de journalisme, moins bien payés, tout aussi méconnus. Les journalistes de l'audiovisuel éprouveraient même un complexe d'infériorité vis-à-vis de leurs confrères du *Monde* ou des *Échos*.

Ce panorama des métiers de la télévision ne serait pas complet si l'on n'évoquait les présentateurs-vedettes, qui donnent à une chaîne de télévision son image de marque. Les plus connus font l'objet de tractations et de surenchères financières, lorsque de nouvelles chaînes cherchent à les acquérir pour se constituer une audience. Leur rôle stratégique tient au besoin toujours vérifié pour le téléspectateur de s'identifier à une personnalité du petit écran, mais également à la part croissante occupée par les jeux, les variétés ou les plateaux dans la grille de programmation.

• D'autres métiers qui ne sont pas spécifiques à la télévision, gestionnaires ou administratifs, représentent près de 30 % des effectifs dans les chaînes françaises.

Toute la difficulté de la gestion d'une chaîne de TV consiste à assumer la coexistence pacifique de tous ces corps de métiers à l'identité très différente, en ménageant leurs susceptibilités, car, comme nous l'avons souligné, chacun a le sentiment que la télévision lui appartient et qu'il a sur elle des prérogatives ; aussi exercer le pouvoir dans une chaîne de télévision revient à gérer les conflits entre les éléments hétéroclites, à la fois solidaires et antagonistes d'un gigantesque puzzle.

Mais qui exerce ce pouvoir ? Qui détient les rênes de ces entreprises de taille somme toute modeste mais qui dans le domaine culturel font figure de mastodontes ?

Jean-Louis Missika et Dominique Wolton ont décrit, dans *La Folle du logis,* l'évolution positions dominantes, dans l'histoire de la télévision française.

• La télévision des années cinquante est celle des ingénieurs, qui ont donné corps à cette invention, avec des technologies — les faisceaux hertziens — aussi révolutionnaires en leur temps que la fibre optique aujourd'hui. Les programmes sont encore les parents pauvres du budget et leurs créateurs perçus comme des saltimbanques.

• Leur succèdent dans les années soixante/soixante-dix les réalisateurs, peu nombreux mais inventifs, qui après avoir transposé à l'écran les chefs-d'œuvre de la littérature française suscitent la production d'émissions originales prestigieuses et coûteuses qu'en cette époque d'abondance personne ne songe à leur refuser.

• Nous sommes désormais dans l'ère des gestionnaires, peu attachés en général à la télévision de prestige — les directeurs financiers font partie du premier cercle du pouvoir.

Cette évolution observée dans l'ensemble des télévisions de service public n'a pas d'équivalent dans le modèle américain. Dans les chaînes commerciales, les pouvoirs sont détenus par les régies publicitaires qui assurent à la télévision les moyens de son existence, infléchissent sa politique de programmation, négocient les achats de programmes...

## 3. Les stratégies des entreprises

Le ticket d'entrée pour faire de la télévision est élevé. Une chaîne généraliste se nourrit de plus de trois milliards de francs annuels, ce qui n'est pas à la portée de n'importe quel groupe de communication. En outre, l'argent ne suffit pas : en effet, pour parfaire leur stratégie de conquête de l'audience, les chaînes doivent disposer de valeurs sûres, de vedettes, qui ne sont pas disponibles en quantité illimitée, si l'on en croit les prix élevés auxquels se vendent les présentateurs vedettes des chaînes.

Ce qui est vrai pour les stars du petit écran l'est également pour les programmes : progressivement s'organise la raréfaction des disponibilités en films cinématographiques récents. Or malgré le succès des séries américaines, il est prouvé que les scores d'audience sont meilleurs avec des programmes nationaux qui facilitent l'identification du spectateur. Quant aux séries, programmes à fort rendement, le marché mondial n'en produit que deux ou trois par an susceptibles de figurer au *prime time* de l'ensemble des télévisions publiques ou privées.

Autant de contraintes qui limitent donc l'apparition de nouvelles chaînes.

En outre, l'extension du marché final (l'audience des téléspectateurs) est limitée à plus ou moins long terme par des facteurs objectifs : le budget temps des téléspectateurs consacré à la télévision, s'il est encore extensible dans la plupart des pays européens, a semble-t-il atteint son seuil de saturation au Japon et aux États-Unis, sa croissance s'opérant au détriment du temps biologique ou professionnel.

Or, en outrepassant les limites du budget temps des ménages, on s'expose à bouleverser toute l'économie des chaînes de télévision ; le temps télévisuel du téléspectateur mobilisé simultanément par d'autres tâches n'a plus la même valeur : les annonceurs en tiennent compte dans leur contribution au financement des supports qu'ils révisent à la baisse.

En toute logique, la croissance des entreprises de télévision ne peut s'opérer que sur les parts de marché de ses concurrents, et non sur la croissance du marché global : dans ce contexte, la menace qui pèse sur les entreprises de télévision est de niveler leur programmation par le bas afin de séduire plus de téléspectateurs. Stratégie qu'un « syndicateur » américain résume avec cynisme : « On ne risque rien à sous-estimer les goûts du public. »

Les limites objectives observées sur les facteurs de production et la demande finale excluent donc de ce domaine les nains économiques : ce marché de masse appelle des acteurs « gargantuesques », engagés dans une concurrence frontale.

Mais quelles sont les modalités de cette concurrence ? L'observation des différents marchés occidentaux montre que le gâteau de l'audience se répartit entre quatre partenaires principaux mais que deux ou trois chaînes « leader » recueillent 60 à 80 % de l'audience : en Angleterre, la BBC et ITV (hors Channel Four) ont respectivement 39 % et 41 % de l'audience globale ; en Italie, la structure de l'audience est bipolaire : la RAI obtient 52,5 % et les trois chaînes de Berlusconi, 38 % ; en France, malgré l'érosion d'Antenne 2, TF1 et A2 se partagent près des deux tiers du marché. Les États-Unis ne manquent pas à cette loi : les trois réseaux ont chacun 20 % de l'audience totale.

L'enseignement de cette répartition de la masse des téléspectateurs est qu'il n'y a d'abord qu'un nombre de places limité pour des chaînes généralistes « leader » qui n'excède pas deux ou trois. Les autres chaînes se partagent 10 à 20 % de l'audience.

On mesure que la seule stratégie possible pour ces dernières consiste à comprimer leurs coûts pour exploiter des niches de rentabilité qui se situent dans des publics ciblés socio-professionnellement ou géographiquement. À l'inverse, les chaînes « leader » auront intérêt à opter pour une stratégie de maximisation des recettes, qui suppose une grille de programmation attractive et coûteuse.

Selon les structures de l'audience existantes et leur projet de programmation, les chaînes devront donc en pratique arbitrer entre une stratégie de maximisation des recettes ou de compression des coûts.

Qu'est-ce que cela signifie en regard des moyens de production ?

L'école américaine a longtemps privilégié des chaînes de télévision considérées comme de simples diffuseurs, programmateurs et vendeurs d'espaces. La production des programmes relevait d'un métier distinct qu'il ne convenait pas d'intégrer dans la chaîne. Ainsi, les trois *networks*, pendant longtemps, n'ont pas produit leurs programmes, la taille critique de leur audience leur permettant d'établir un rapport de forces favorable face aux producteurs externes. Les autres chaînes privées dans le monde ont suivi ce modèle ; ITV s'adresse à des producteurs indépendants, les TV privées japonaises également.

Face à ce courant, les télévisions publiques, soucieuses de défendre la culture nationale, se sont érigées en empires « intégrés », où coexistaient production et programmation : tant que le marché de programmes n'existait pas, cela constituait effectivement un avantage (voire une nécessité) de disposer d'un outil susceptible de répondre à la demande. Des méthodes industrielles de production pouvaient se mettre en place moyennant une organisation du travail standardisée.

Avec la stagnation des ressources financières des chaînes, l'utilisation des effectifs de production est devenue plus problématique.

On observe cependant aux États-Unis un retour à l'intégration par l'amont : Métromédia, réseau de stations de télévision, et la Fox, la plus célèbre des « majors », ont été rachetées par le magnat de la presse britannique Murdoch, bien décidé à se déployer sur le secteur : cela afin d'éviter d'être exposé aux marges importantes des intermédiaires de programmes, dans un contexte de croissance forte de la demande de programmes. De même, les *networks*, astreints un moment par la loi antitrust à ne pas produire leurs programmes, sont devenus en quelques années les premiers producteurs mondiaux de séries et téléfilms avant les « majors ».

En réalité, cette stratégie d'intégration ne répond en rien à une mode : elle dépend de la position de la chaîne de télévision vis-à-vis de ses concurrents, de sa part de marché. Une chaîne « leader », disposant d'une solide part de marché, a tout intérêt à se doter de son propre outil de production pour se soustraire au pouvoir de ses fournisseurs de programmes originaux, qui ne manqueront pas d'aligner leurs prix à la hausse. Au contraire, une chaîne en phase d'émergence, à l'audience instable, ou en situation de « suiveur », ne tire aucun avantage de l'intégration-amont, qui alourdit ses coûts et son budget de production. Cette « internalisation » des moyens de production a pourtant des multiples effets pervers : en devenant des entreprises de 15 000 à 30 000 personnes, les organismes de télévision sécrètent tous les maux propres aux grandes organisations : centralisation des responsabilités, mauvaise circulation de l'information, bureaucratie tatillonne...

# VIII / La guerre des télévisions

La télévision américaine écrase ses voisines, canadiennes, mexicaines ou sud-américaines. L'Asie du Sud-Est a copié sur elle ses télévisions et lui achète ses programmes. La plupart des ouvertures en Europe (au privé ou tout simplement à un plus grand nombre de chaînes) ont été ou seront synonymes d'« américanisation ». Elle est la plus riche, la plus ancienne, la plus diversifiée, la plus regardée. « Télévision américaine » serait-il un pléonasme ?

## 1. Y a-t-il un modèle dominant ?

En réalité, il est *a priori* difficile de soutenir le contraire. D'abord, les Américains ont pratiquement tout inventé, des technologies (téléviseurs, câble, satellite) aux modes de régulation (mesures d'audience, systèmes des réseaux) en passant par les contenus (les séries, les jeux, les programmes ciblés). Dès lors, même si les innovations américaines se sont acclimatées ailleurs avec des destins fortement divergents, il est toujours possible de traiter des développements locaux de la télévision comme d'un processus d'acculturation. Ainsi, même si chaque service public de télévision en Europe a son panthéon de vieilles gloires censées avoir « tout inventé » de la télévision nationale, l'honnêteté voudrait qu'on rende surtout hommage aux véritables missions de productivité que réalisaient certains de ces pionniers lors de leurs voyages à New York ou Los Angeles.

En second lieu, la télévision américaine dispose de sa masse. À elle seule elle pèse quatre fois plus que le second marché, le Japon, en termes de ressources. Avec environ quatre fois plus de foyers équipés que la France, elle est plus de douze fois plus riche. Cela lui permet d'investir souvent plus de fonds pour un seul épisode d'une série que le cinéma européen n'en consacre à un long métrage moyen, ou de déplacer sur certains événements (conventions des partis avant les présidentielles, jeux Olympiques) autant de journalistes par grand réseau que n'en possède au total une grande chaîne européenne.

Enfin, la télévision américaine bénéficie de sa structure souple et diversifiée. Prenons l'exemple de Cable News Network (CNN) : cette chaîne spécialisée dans les informations (CNN n'est rien d'autre qu'un journal télévisé qui ne s'arrête jamais) tient la dragée haute aux télévisions du monde entier sur le terrain des informations chaque fois qu'un événement d'importance mondiale se produit (chute du mur de Berlin, guerre du Golfe, etc.). Mais ce n'est, aux États-Unis, qu'une petite chaîne, qui a pu se développer dans les interstices de la prospérité des *networks*. CNN n'existe que grâce au câble, qui suppose une grande abondance de programmes, laquelle découle du mode de fonctionnement des *networks*. Or, des chaînes du type de CNN, il en existe aux États-Unis plusieurs dizaines, de sorte que quand dans le monde une chaîne se tourne vers un créneau particulier, elle trouve toujours en face d'elle (mais prête à conclure de fructueux accords commerciaux) une chaîne américaine spécialisée, leader mondial sur son domaine : CNN pour les informations, ESPN pour le sport, MTV pour la musique, Nickelodeon pour les enfants, HBO pour le cinéma, etc. L'offensive américaine sur le marché mondial, si elle existe, n'est jamais frontale. À côté des vaisseaux amiraux que sont les *networks*, existent les corvettes des chaînes spécialisées... et les sous-marins que sont certaines chaînes « européennes » (Sky 1, Canale 5, RTL, par exemple).

Pourtant, rien n'est plus erroné que l'assimilation, souvent implicite, entre le marché des programmes de télévision et le marché d'un bien industriel comme les automobiles ou l'acier. D'abord, les « cours » d'un produit sur ce marché obéissent à des lois complexes et changeantes. Rappelons que sur le marché des programmes *on n'achète pas des programmes*, mais le droit momentané d'en utiliser une copie dans des conditions précises : zone concernée, mode de diffusion, nombre de diffusions, heure de diffusion. Première conséquence : le prix à payer n'a à peu près aucun rapport avec le coût de production du produit. Deuxième conséquence : il n'y a pas un marché des programmes, mais des centaines. La chaîne allemande ARD n'est absolument pas concurrente de la chaîne espagnole TV3 pour acheter *Dynastie* et les prix qu'elles paieront seront indépendants. Troisième conséquence, illustrée par le tableau X : le prix d'un même produit, exploité dans les mêmes conditions d'heure et de mode de diffusion, peut varier de plus de un à vingt suivant le pays considéré. De même, en France, Antenne 2 pourra payer dix fois plus cher un épisode inédit d'une série à succès qu'un épisode déjà diffusé d'une vieille série américaine. Le prix moyen d'une heure de série américaine ne signifie à peu près rien. Mais il a tout de même une particularité importante pour notre propos : dans absolument tous les cas il est entre cinq et vingt fois inférieur à ce qu'il aurait fallu payer pour *produire* l'épisode. Ainsi, pour une chaîne de télévision, l'arbitrage financier entre créer de nouveaux programmes et en acheter est une question résolue d'avance, en l'absence de contraintes réglementaires de production : c'est comme si, sur un marché, on comparait le prix du neuf et celui de l'occasion, à ceci près qu'ici la valeur d'usage du neuf n'est pas supérieure à celle de l'occasion.

Ce qui achève de rendre le prix des produits américains à la fois bas et compliqué à interpréter, c'est que, pour l'instant, la concurrence est faible entre les acheteurs sur la plupart des marchés : faible nombre de chaînes dans la plupart des pays et jeu des réglementations qui limitent les possibilités de recours à la production américaine. Cette situation explique ce paradoxe qui veut que l'« impérialisme culturel » américain est en grande partie la conséquence et la cause de l'existence d'un marché mondial bloqué et en tout cas peu attractif pour les firmes américaines.

Ce qui explique l'omniprésence des productions américaines sur les petits écrans du monde entier est précisément qu'elles ne valent pas grand-chose sur le marché (en France, on paie moins cher *Santa Barbara* que trois minutes de *Sacrée Soirée*). Du coup, même si les Américains vendent des milliers d'heures, cela ne leur rapporte pas grand-chose : à peine 800 millions de dollars en 1989, soit moins de la moitié que ce que dépense un seul *network* pour ses programmes de soirée. En même temps, ce faible niveau des prix décourage les productions nationales, en Europe en particulier, et assure la pérennité de la domination culturelle américaine. En effet, en l'absence d'un marché local suffisant pour amortir les coûts initiaux de sa production, un programme non américain est confronté à un double obstacle : il ne peut se vendre cher à l'étranger, faute de reposer sur une habitude des publics, qui en ferait un programme générateur d'une forte audience. Et s'il veut jouer sur la masse des marchés, il doit s'aligner sur les prix américains les plus bas, trop faibles pour être une garantie de rentabilisation du produit. Cela incite les producteurs européens à rentrer dans la coquille de leur diffuseur national. À de rares exceptions près, il s'amorce alors une spirale de provincialisation de la production audiovisuelle locale. On peut interpréter cela comme l'effet d'un machiavélisme américain. Mais l'étude des faits montre que cette analyse relève plus de la paranoïa que de la raison : rien ne ferait plus plaisir aux distributeurs américains que de pouvoir doubler leurs prix. Et tant pis ou tant mieux si cela créait les conditions de l'apparition d'une offre non américaine rentable. Mais, on l'a vu, ce qui maintient les prix bas, c'est l'organisation générale du système télévisuel en Europe, le morcellement des langues dans le monde, et la faiblesse du niveau de vie dans les pays du tiers monde.

Tableau X. — Tarifs des programmes américains

## Tableau X. — Tarifs des programmes américains
### dans le monde en 1989
(en francs)

| Pays client | 52 minutes de série télévisée | Film cinéma |
|---|---|---|
| France | 150 000 à 300 000 | 180 000 à 6 millions |
| République fédérale d'Allemagne | 60 000 à 240 000 | 120 000 à 6 millions |
| Grande-Bretagne | 90 000 à 300 000 | 300 000 à 6 millions |
| Italie | 60 000 à 180 000 | 120 000 à 6 millions |
| République démocratique allemande | 20 000 à 50 000 | 70 000 à 120 000 |
| Hongrie | 6 000 à 7 000 | 15 000 à 20 000 |
| Argentine | 8 400 à 9 600 | 18 000 à 36 000 |
| Brésil | 27 000 à 39 000 | 90 000 à 180 000 |
| Haïti | 2 000 | 1 000 à 2 000 |
| Arabie saoudite | 15 000 à 20 000 | 20 000 à 30 000 |
| Zambie | 1 000 à 2 000 | 2 500 à 3 500 |
| Japon | 84 000 à 100 000 | 360 000 à 3 millions |

*Source : Variety*, 1989. Conversion sur la base d'un dollar à 8 francs.

On voit ainsi que, s'il faut nuancer le tableau d'une domination américaine totale en matière de télévision, se dessinent les conditions de sa reproduction : soit les choses restent en l'état et la domination culturelle américaine perdure en grande partie par le biais de prix maintenus très bas. Soit les prix s'élèvent et d'autres pays deviennent des offreurs importants, mais alors cela sera probablement l'effet de l'adoption par ces pays d'un système télévisuel à l'américaine. Dans ce second cas, il va de soi que dans la nouvelle concurrence, les firmes américaines resteraient sans nul doute dominantes, regagnant largement en rentabilité ce qu'elles perdraient en parts de marché. L'Europe ressemblerait moins à l'Amérique par ses héros et plus par ses structures. N'est-ce pas une preuve de domination parfaite que d'imposer cette alternative : s'étioler dans la différence ou s'affirmer dans l'intégration ?

## 2. La résistance européenne... et les craquements

Les télévisions européennes ont une longue tradition de coopération derrière elles : dès 1946, les pays de l'Ouest et de l'Est avaient créé l'OIR, afin de partager équitablement les voies hertziennes.

Le durcissement des rapports provoqué par la guerre froide conduira les pays de l'Europe de l'Ouest à faire sécession pour fonder l'UER (Union européenne de radiodiffusion) dont les objectifs avoués sont de faciliter les échanges de programmes et de négocier au nom des pays membres les contrats de retransmission d'événements télévisuels qui ont lieu en dehors de la zone européenne.

Mais c'est dans la bourse d'échange d'éléments d'actualités, connue en France sous son appellation d'Eurovision, que l'UER trouvera sa légitimité : les reportages sont fournis par les équipes membres et depuis une période plus récente par les agences d'images anglo-saxonnes (Visnews, UPITN, CNN, ABC, NBC, CBS...).

La couverture rapide des événements internationaux qui sont au menu quotidien de nos journaux télévisés n'est donc rendue possible que grâce à une organisation technique et administrative complexe : elle a suscité pour partie le lancement d'un programme de satellites européen « Eutelsat » dès 1977, qui a donné une impulsion nouvelle à ces échanges réguliers d'actualités.

Les atouts de cette organisation intégrée sont indéniables : réduction des coûts de l'information ; amélioration du service rendu ; mais surtout rapprochement des télévisions européennes qui offrent un rempart plus solide face aux puissantes agences d'images américaines qui sont reléguées au rang de simples fournisseurs.

Cependant on est loin, au milieu des années quatre-vingt, du dynamisme que lui avaient insufflé ses promoteurs : la lourdeur des structures, la difficulté à dépasser la souveraineté des États dans des domaines aussi sensibles que la coproduction, le régime des droits d'auteur ou des législations en matière de publicité, sont autant de freins à l'intégration européenne.

En outre, cette instance a été profondément déstabilisée par l'éclosion dans la plupart des pays européens de chaînes concurrentes privées. Jusqu'ici, en effet, l'UER tirait sa force et son unité des conditions d'entrée assez drastiques opposées aux chaînes candidates : il leur fallait être reconnues par l'Union internationale des télécommunications, proposer un service à caractère national et disposer d'un réseau d'émetteurs permanents. De nombreuses télévisions privées, libres ou locales, en ont été ainsi exclues.

La question devient plus cruciale avec le souffle déréglementaire qui s'est propagé depuis la fin de la décennie soixante-dix à travers toute l'Europe. Pour la plupart des pays membres, le club de l'UER doit rester fermé aux nouveaux candidats : la RAI s'opposera à l'entrée de Berlusconi, RTE fera le blocus face à la télévision catalane TV3, ainsi que l'ARD et ZDF vis-à-vis du consortium SAT1.

À travers cette réaction de rejet, l'UER joue une carte difficile : en laissant les chaînes privées sur le seuil de son organisation, elle prête le flanc à la constitution de réseaux d'information concurrents, qui la menaceraient à terme.

Après avoir joué un rôle décisif dans le rapprochement des télévisions européennes, l'UER apparaît donc aujourd'hui divisée, affaiblie et moins à même de promouvoir seule l'Europe télévisuelle. Elle est cependant relayée par des actions ponctuelles des sociétés de télévision européennes publiques.

• Pour la diffusion, des chaînes telles que TV5 ou 3SAT regroupent des pays de même communauté linguistique.

• Pour la production, un groupement européen de la production a été récemment créé (1985) entre les services publics et incite à la mise en commun de moyens financiers et humains pour la réalisation de programmes de coproduction.

• Pour les achats de programmes : les télévisions de service public cherchent à négocier conjointement les cessions de droits de programmes et les accords d'exclusivité, non pas tant pour bénéficier de prix préférentiels que pour opposer une capacité de financement critique face à Berlusconi, qui achète les droits pour l'Italie, la France et l'Espagne, et parvient ainsi à « assécher » le marché des programmes « locomotives ».

Cependant, malgré ces efforts conjugués, les télévisions de service public ont des difficultés à réaliser, sous leur hégémonie, une intégration de la diffusion à l'échelon européen. Outre les barrières linguistiques, ces difficultés tiennent, en premier lieu, aux spécificités culturelles des différents pays qui composent l'Europe. Du nord au sud, les comportements, les modes de vie sont loin d'être homogènes ; les rythmes biologiques et professionnels sont décalés de quelques heures, ce qui pose le problème de la durée et des limites du *prime time*, les représentations du monde qui renvoient au rôle social de la femme, au poids de la religion, au rapport à l'argent, au sexe... sont plus proches entre Londres et New York qu'entre Londres et Madrid ou Rome.

Les goûts du public enfin sont modelés par ces traditions socioculturelles qui font de l'Europe une véritable mosaïque : si les films cinématographiques obtiennent les scores d'audience les plus élevés en France, ils cèdent régulièrement la place aux séries en Grande-Bretagne, et en Italie, ce sont les jeux ou les variétés qui sont en tête du palmarès des émissions.

En outre, les télévisions publiques, à travers leurs modèles volontaristes de programmation, ont valorisé à l'extrême le sens national et patriotique des téléspectateurs en établissant des quotas de production nationale, en favorisant le culte de vedettes incarnant les valeurs nationales. Ainsi, en France, ce sont les films cinématographiques français qui recueillent systématiquement les meilleurs scores d'audience. Les services publics ont donc contribué à fermer la curiosité des téléspectateurs pour d'autres cultures que la leur : seuls la Belgique et les Pays-Bas font exception à ce nationalisme culturel.

Mais c'est probablement sur le créneau de l'information qu'achoppera la construction d'une Europe télévisuelle. Malgré les progrès de l'intégration économique, combien de gouvernements sont prêts à abandonner leur souveraineté en matière d'information ? Quel jugement la chaîne européenne aurait-elle porté sur l'affaire *Greenpeace* ou sur la guerre des Malouines ? Pendant combien de temps les gouvernements sociaux-démocrates supporteront-ils les commentaires politiques du conservateur Murdoch ? À l'inverse, Berlusconi, soupçonné d'amitiés avec Craxi, sera-t-il agréé par Thatcher ou Kohl ? Le rôle déterminant de la télévision en matière d'information — ou celui qu'on lui attribue — constitue un obstacle de taille à l'émergence d'une chaîne transnationale.

Les écueils que nous venons de souligner, de nature socioculturelle, peuvent être partiellement résolus par le lancement des chaînes thématiques, à programmation ciblée, qui résistent beaucoup mieux qu'une programmation généraliste à l'exportation.

De surcroît, ces chaînes ciblées ne lèvent pas pour autant les incertitudes pesant sur les ressources publicitaires : jusqu'en 1985, celles-ci étaient monopolisées par des diffuseurs nationaux. S'il existe effectivement une centaine de multinationales susceptibles d'être intéressées par un support européen, il reste que de gros efforts doivent être accomplis dans le sens d'une harmonisation des législations concernant la publicité, une représentation unifiée des produits à promouvoir, puisque actuellement la dénomination des marques, le conditionnement des produits, le contenu des messages sont aussi nombreux qu'il y a de pays ou de zones-cibles : les publicitaires devront s'adapter à ce nouveau contexte où l'homogénéisation devra primer sur la distinction.

Autant de raisons structurelles qui expliquent que les télévisions publiques aient été incapables jusqu'ici d'engendrer une chaîne unique à l'échelon européen.

Mais cette incapacité est surtout liée à l'affaiblissement des chaînes de service public sur leur propre territoire national. Cet affaiblissement est dû en grande partie à l'assèchement progressif des ressources provenant de la redevance. L'introduction de la publicité a brisé la logique et la cohérence des télévisions publiques, tenues dès lors de faire des concessions à la conquête de l'audience. C'est dans ce contexte que le programme américain amorti a conquis ses lettres de noblesse et a donné au modèle d'outre-Atlantique une première emprise sur le continent européen.

Mais le levier du recul des télévisions de service public sur leur propre territoire, c'est avant tout les nouvelles technologies de communication, les réseaux câblés, les satellites de télécommunications, qui contribuent à édifier de nouveaux modes de régulation du secteur. Ainsi, l'autorisation en Italie des réseaux de câble privés a constitué la première brèche au monopole de la RAI, et explique historiquement la montée en puissance des trois réseaux de Berlusconi. C'est par les réseaux câblés toujours que la CLT est diffusée en Belgique, et elle prélève l'essentiel des ressources publicitaires de la zone francophone. En Allemagne, l'ouverture du câble à partir de 1984 a permis l'émergence de concurrents redoutables pour les chaînes publiques : RTL Plus, SAT1, Tele 5 et Pro 7. L'Espagne, quant à elle, a vu cependant la déferlante des chaînes privées (Telecinco, Antena 3, Canal +) se contenter des technologies classiques.

*Des télévisions européennes de plus en plus américaines ?*

Pour des raisons à la fois financières et culturelles les télévisions publiques ne semblent pas en mesure de promouvoir une télévision paneuropéenne qui servirait de catalyseur de la résistance européenne aux offensives américaines. Est-ce à dire que la vassalisation du vieux continent sous hégémonie américaine est proche ? Il faut être attentif à plusieurs évolutions, parfois contradictoires.

Les firmes américaines sont présentes depuis vingt ans en Europe, sans qu'on ait pu y voir les signes d'une mise au pas des chaînes de service public : en effet, si elles écoulent leurs programmes, c'est dans des proportions réduites. Les séries et autres films d'outre-Atlantique ne représentent en moyenne que 7 à 10 % du volume total de diffusion de chaînes des grands pays même si leur poids est plus important sur les télévisions des petits pays (Belgique, Hollande...) ainsi que sur les chaînes privées italiennes

(Rete 4, Canale 5, Italia 1) où ces programmes atteignent 30 % du volume global.

La déréglementation de la programmation qui devrait se généraliser notamment en Espagne, en République fédérale d'Allemagne, après la France, pourrait bien avoir pour corollaire un recours accru à ces programmes américains.

Mais ce rôle de fournisseur n'est qu'une étape de la stratégie américaine : en Grande-Bretagne, terrain d'élection des offensives des « majors » des distributeurs d'outre-Atlantique, les firmes américaines sont présentes dans les réseaux câblés, dans les chaînes thématiques (*Ten, Première*, ...), en tant qu'opérateurs ou en tant qu'actionnaires. Petit à petit, les intérêts américains sont donc représentés dans tous les lieux stratégiques de l'audiovisuel anglais.

On peut imaginer que les Américains chercheront à privilégier cette politique d'implantation à long terme sur l'ensemble du continent européen, afin de développer des filiales nationales en position dominante sur leur marché, comme ils l'ont fait sur le créneau informatique. Les États-Unis disposent pour cela de solides alliés à travers les agences de publicité américaines exerçant en Europe et « leader » dans presque tous les pays (sauf en France), qui verraient d'un bon œil la construction d'un marché unifié où s'écouleraient les produits de multinationales en passant les barrières protectionnistes ou réglementaires.

L'intérêt des firmes américaines n'est donc pas de s'offrir un strapontin sur les satellites de diffusion directe qui arroseront l'Europe ; il est plutôt de s'immiscer en profondeur dans les rouages des audiovisuels nationaux pour, à plus long terme, mailler le vieux continent.

Le meilleur facteur de résistance serait alors constitué d'un oligopole privé (Berlusconi, Maxwell, Murdoch), qui se partagerait l'Europe et chercherait en premier lieu à asseoir ou créer sa part de marché publicitaire sur son pays d'origine : Berlusconi en Italie, Maxwell en Grande-Bretagne, la France et la République fédérale d'Allemagne restant à prendre.

À court terme, cette évolution semble encore favoriser

TABLEAU XI. — L'INTERNATIONALISATION DES ÉCRANS

| Pays | Part des programmes importés (en %) | | |
|---|---|---|---|
| | 1973 | 1983 | 1988 |
| États-Unis | 1 | 2 | 3 |
| Canada (francophone) | 46 | 38 | 44 |
| Mexique | 39 | 34 | — |
| République fédérale d'Allemagne | 26 | 18 | 17 |
| France | 9 | 16 | 33 |
| Grande-Bretagne | 13 | 25 | 31 |
| Italie | 13 | 20 | 46 |
| Belgique | 23 | 29 | 29 |
| Union soviétique | 5 | 8 | — |
| Japon | 11 | 10 | 12 |
| Égypte | 41 | 35 | — |
| Algérie | 50 | 55 | — |
| Kenya | 30 | 37 | — |

*Sources : Journal of Communications*, printemps 1984, et *BIPE* (France, RFA, Japon et année 1988).

l'avancée des positions américaines, les réseaux commerciaux cherchant à minimiser leurs dépenses en programmes, en puisant en priorité dans le vivier « yankee ». Mais on peut penser que dans deux ou trois ans, ces acteurs seront amenés à réinvestir dans la production, à la fois parce que les programmes nationaux sont un facteur de stabilisation de l'audience et parce que des politiques incitatives menées à l'échelon européen devraient imposer des quotas de production et des mesures protectionnistes.

# IX / Les dégâts de la télévision

La place que la télévision s'est taillée dans le paysage des médias, la vie des individus et la société n'était pas vide auparavant. Ce mastodonte a écrasé sur son passage, parfois brutalement et parfois lentement, à la fois ses rivaux et son environnement.

• Première victime : la prospérité du cinéma. En 1946, en Grande-Bretagne et aux États-Unis, un adulte allait au cinéma plus de trente fois par an, en moyenne. Cette intensité de la pratique des salles obscures, inimaginable aujourd'hui, explique largement l'aura qu'ont conservée dans l'imaginaire collectif les films de cette époque. En 1960, dans ces deux pays, la fréquentation par habitant ne sera plus que le tiers de ce qu'elle était juste après la guerre : 11 séances par an. En 1988, les Américains étaient encore au niveau de 4,5 séances par an, mais les Britanniques sont tombés à une seule. Bien que décalées de quelques années dans le temps, les baisses que connaissent l'Europe continentale et le Japon sont du même ordre.

En France, les meilleures années de l'après-guerre, 1956 et 1957, voient environ 400 millions de billets vendus par an, pour une population de 43 millions de Français. En 1989, les 55 millions d'habitants que compte la France n'auront donné lieu qu'à 121 millions d'entrées. Le prix relatif du billet, sans cesse croissant en moyenne période, le repli sur le foyer domestique, sont les causes les plus souvent évoquées avec la concurrence de la télévision, laquelle d'ailleurs s'empare du film de cinéma pour en faire son produit d'appel. Rares sont les pays où la télévision diffuse moins d'un film par jour en moyenne. En France, le public moyen d'un film en salle est d'environ 300 000 personnes contre vingt fois plus (6,5 millions) à la télévision.

Mais non contente de supplanter le cinéma dans le temps et le budget des ménages, de se substituer aux salles comme vecteur principal de la diffusion du film, la télévision va même tendre à absorber le cinéma en tant qu'activité économique. Les *majors* d'Hollywood depuis plus de vingt ans ont pour client principal les grands *networks*. En 1985, Rupert Murdoch a pris le contrôle à la fois de la Fox et des principales stations de télévision du réseau Métromedia. En Italie, le cinéma, qui vivait à la fin des années soixante-dix des investissements de la RAI et de la Gaumont, s'est écroulé sous la concurrence de la télévision privée, puis tente de renaître cette fois-ci avec le double patronnage de la RAI et de Berlusconi. En France, la télévision intervient dans le financement d'un film sur trois et représente plus de 10 % des ressources directes du film français. Sans compter le soutien publicitaire, souvent clandestin, qu'apportent en Europe les chaînes publiques au cinéma local.

La télévision, après avoir abattu, non pas le cinéma, mais son indépendance économique, se nourrit de sa substance et le maintient en état de survie.

• Les secondes victimes parmi les médias seront les autres moyens d'information : la radio et la presse. Mais il s'agit ici de victimes plus coriaces. Leur survie n'est pas en cause, mais leurs possibilités de développement sont très limitées. Née dans le lit de la radio, et développée sur les mêmes bases juridiques, techniques et économiques qu'elle, la télévision la supplante en moins de dix ans. Elle la remplace comme objet trônant à la meilleure place de la pièce principale du foyer, mais aussi comme moyen préféré par les hommes politiques pour leurs interventions. Dès 1960, on attribue la défaite de Richard Nixon aux présidentielles américaines contre John F. Kennedy au fait qu'il aurait été mal rasé lors d'un débat télévisé. La radio, dès lors, ira se réfugier sous le tableau de bord des automobiles, dans les salles de bains et dans les chambres des adolescents. Certes, elle coulera encore des jours heureux, grâce au transistor, au son FM stéréo et à la modicité de ses coûts. Mais elle ne sera plus jamais le média-roi qu'elle fut dans les années trente à cinquante.

• Avec la presse écrite, la télévision se heurtera à une forteresse autrement plus ancienne que la radio. Même si un an d'achat d'un quotidien coûte beaucoup plus cher qu'un an de télévision, la presse dispose d'une forte consommation populaire depuis le début du siècle dans la plupart des pays industrialisés. Et de fait, au Japon, aux États-Unis, en République fédérale d'Allemagne, en Grande-Bretagne, le développement de la télévision ne s'est pas accompagné d'une baisse nette de la diffusion ou des recettes publicitaires de la presse. Au contraire, elle a partout fait naître un segment florissant, celui des hebdomadaires de télévision. *TV Guide* aux États-Unis ou *Télé 7 jours* en France sont les hebdomadaires les plus diffusés de toute la presse. Au point d'ailleurs que certaines chaînes de télévision possèdent leur propre hebdomadaire, comme la BBC, le groupe Berlusconi (*Sorrizi e Canzoni*) ou RTL (*Télé Star*).

Mais le mouvement est net, la télévision a supplanté la presse écrite dès les années soixante en tant que principal vecteur de diffusion des informations et en tant que moyen de loisir familial. Comme support de publicité, elle la dépasse déjà en Italie ou au Japon, et le fera certainement aussi un jour dans les autres pays. Dès lors, plutôt que de subir la lente érosion de leurs ressources au prix de pressions politiques de moins en moins efficaces, les groupes de presse appliquent l'adage : *If you can't beat them, join them*. C'est ce qu'ont réalisé depuis longtemps les groupes japonais (Asahi ou Maïnichi) ou américains (groupes Tribune ou Time, par exemple). C'est ce à quoi s'appliquent les groupes anglais (Maxwell), australien (Murdoch) ou allemands (Springer, Bertelsman). C'est enfin ce qu'ont fait le groupe Hersant en France, ou El Pais et ABC en Espagne.

La pression qu'exerce la télévision sur les médias environnants (cinéma, radio et presse) oblige les plus valides

des groupes dominants dans ces médias dominés à tenter d'investir le vainqueur. C'est ce qui a donné lieu dans les années quatre-vingt à l'émergence de la notion de « stratégie multimédias ». Comme, en Europe, le vainqueur se trouvait être le secteur public, ces tentatives se sont pour l'instant heurtées au mur des réglementations. D'où également le vent de « déréglementation » qui souffle sur le secteur.

L'apparition et l'essor de la télévision n'ont pas seulement provoqué un bouleversement de l'économie des médias. Ce mouvement a aussi profondément altéré la vie quotidienne dans les sociétés occidentales. Une évolution aussi rapide (trente ans à peine, mais l'essentiel a été fait en quinze ans ou moins) à l'échelle des civilisations, et aussi étonnante par ses propositions, ne peut être analysée rapidement, même en faisant la synthèse des milliers de pages qui ont été noircies à son sujet aux États-Unis, chaque année depuis 1950. Il faut se contenter d'en évoquer simplement les principaux aspects.

• Le volume de temps social absorbé par la télévision est sans doute l'aspect le plus impressionnant. En France, en 1988, c'était à peu près le même volume d'heures qui était consacré au travail et à la télé : 50 milliards d'heures environ. Doit-on en conclure que s'il n'y avait pas la télévision le PIB doublerait ? Évidemment non, pour de multiples raisons dont la plupart sont trop évidentes pour qu'on les énonce ici, mais il y a sans doute matière à réflexion dans la comparaison suivante : la société française consacre 48 milliards d'heures à générer les quelque 5 000 milliards de francs de son PIB. Et elle consacre ensuite autant de temps à consommer le produit d'une activité qui ne « pèse » que 20 milliards de francs.

On voyait il y a quelques décennies la civilisation des loisirs se profiler sous l'égide du choix et du jeu, comme aboutissement d'une abondance enfin réalisée. Puis la crise est venue rappeler à l'ordre les rêveurs et remettre dans la bouche des idéologues les mots efforts, sacrifices, luttes, etc. On découvre à présent que la civilisation des loisirs est déjà là, mais un loisir posté, qui se consomme dans un fauteuil, la canette de bière à la main.

• Le second aspect notable est l'homogénéité sociale de la consommation de télévision. Bien sûr, les intellectuels, les titulaires de hauts revenus, les « branchés », n'auront que dédain pour cette pratique culturelle certes peu « classante ». Mais la cruauté des sondages affirme le contraire : des armoires entières d'études rédigées dans toutes les langues montrent que, rentré chez lui, le « branché », le riche ou l'intellectuel regarde la télévision. Certes moins longtemps et surtout moins régulièrement que la moyenne, mais pour eux aussi, la télévision représente la pratique culturelle numéro un, et de loin.

Si l'on en croit les statistiques disponibles en Occident, il reste pourtant une fraction — 1 à 3 % de la population — non équipée en téléviseurs. Doit-on chercher là le dernier carré des réfractaires ? Pour une faible part, oui, mais il serait erroné d'attribuer au refus de la télévision la stabilité indubitable de ce reliquat. D'abord, parce que lorsqu'un équipement atteint un tel degré de diffusion, on finit par buter sur les incertitudes statistiques concernant les informations démographiques elles-mêmes. Ensuite parce qu'on a trop souvent tendance à oublier qu'il demeure dans nos sociétés une masse faible, mais pas pour autant négligeable, d'individus soumis à un mode de vie collectif (prisons, hôpitaux, hospices, casernes) et d'autres qui n'ont pas de foyer fixe (clochards, mais aussi nomades, squatters, populations en transit). Il est vrai que les uns et les autres n'intéressent guère les annonceurs.


• Si l'on quitte à présent les données macroscopiques, on constate au niveau des foyers que les aspects quantitatifs — énorme volume de temps, homogénéité sociale — se doublent d'effets qualitatifs au moins aussi importants. Au mois de juin 1985, Antenne 2 et l'hebdomadaire de télévision *Télérama* ont organisé et filmé une expérience significative : priver de leur téléviseur un groupe de 22 familles volontaires. Pour ne pas être très nouvelle, l'idée donna lieu à une émission, en avril 1986, qui illustrait bien le rôle central que joue la télévision dans la vie familiale. On peut résumer ainsi les reproches que les volontaires adressaient aux effets de la télévision : elle distend les liens au sein du couple, éloigne les parents des enfants, nuit aux études de ces derniers, diminue la curiosité et la pratique d'autres activités (lecture, musique, sorties, rencontres, sports), elle est enfin un instrument conservateur des rôles familiaux traditionnels, l'homme la regardant pendant que la femme se voue aux tâches domestiques. On ajoutera que d'autres traitements du même sujet développaient surtout l'idée que la télévision désocialise, en restreignant le cercle des relations, et en diminuant les pratiques syndicales, politiques ou religieuses.

Tout cela évoque les visions de nombreux auteurs de science-fiction décrivant une humanité réduite à l'état de légume par la télévision, asexuée, indifférenciée, passive et béate. La télévision contaminerait son environnement (les autres médias), l'intérieur des cellules sociales et familiales, et, pour finir, le cerveau de ses pauvres victimes. Il est utile de nuancer cette vision.

En premier lieu, la vision apocalyptique des effets sociaux et politiques de la télévision relève pour le moins d'une indifférence aux enseignements de l'histoire. La massification des comportements d'audience est un fait, mais n'a pas de rapports immédiats avec la massification des consciences. Hitler, Staline ou Pol Pot ont fort bien su se passer de la télévision. À l'inverse, on observera que la diffusion des images du Vietnam n'a pas été pour rien dans l'inflexion, même tardive, de la politique américaine. Les contradictions internes des sociétés belge ou italienne survivent très bien à l'audience massive des réseaux câblés en Belgique, de la RAI ou de Canale 5 en Italie. De même que le « consensus » japonais n'a pas attendu la NHK.

L'abrutissement des jeunes générations par la télévision explique mal la quantité de jeunes prix Nobel américains, anglais ou japonais — tous gros consommateurs de séries de télévision « débiles » — pendant que les Français, les Espagnols ou les Bulgares — protégés par une moindre consommation d'une télévision de haute tenue — ont beaucoup plus de difficultés à produire des sommités scientifiques. L'apparition de la télévision n'a pas non plus asséché le réservoir de joueurs d'échecs soviétiques, ni celui des virtuoses français ou allemands du piano ou du violon.

Enfin, les reproches adressés aux effets de la télévision sur la vie familiale sont à confronter à quelques données démographiques. Depuis le début du siècle, l'âge du mariage, et à présent de la première cohabitation, n'a cessé de décroître, pendant que l'espérance de vie s'allongeait régulièrement. Actuellement, sans divorce ou séparation, une union a une espérance de durée de l'ordre de cinquante ans, en Occident, contre moins de vingt-sept en 1910. En outre, ces vingt-sept années étaient toutes des années d'une vie active sans vacances, sans samedis et pour des journées de travail souvent supérieures à dix heures. Soixante-dix ans après, le nombre d'heures disponibles pour la vie privée a presque décuplé pour un jeune homme ou une jeune femme de vingt ans : de 48 000 à plus de 470 000 heures, telle est l'évolution de l'enveloppe de temps moyenne dont dispose un couple pour autre chose que le sommeil, le travail, les trajets ou les soins personnels.

Dans la plupart des pays, cette évolution a été en fait contemporaine de l'essor de la télévision. La marginalisation des modes de vie ruraux, les lois sociales, les progrès de la médecine ont ainsi condamné les couples à la perspective d'un interminable face-à-face que vient conjurer l'absorption d'une partie de ce temps devant l'écran de la télévision.

Au total, le plus étonnant dans les effets sociaux, culturels et politiques de la télévision, c'est leur modicité. Car il reste que jamais une pratique sociale non directement liée à la simple survie, on serait tenté de dire non nécessaire, n'a représenté un tel volume de temps. Mais ce volume est un trou noir social, une consommation pure ne produisant rien d'autre que quelques effets de conservation molle (les attitudes politiques), d'homogénéisation lente (le langage) ou de conjuration lâche (le face-à-face sans fin des ménages). Rien qui ne soit en proportion avec ce qui lui est sacrifié comme temps social.

Le vrai paradoxe est donc en fin de compte économique : la télévision a eu raison de la prospérité des trois grands médias qui l'ont précédée, elle occupe la plus grande part de la ressource sociale la plus précieuse, le temps, et ne représente qu'un tout petit marché, un tout petit nombre d'employés. 18 à 20 milliards de francs en France, 15 000 personnes occupées. Si toutes les activités économiques avaient le même rendement, nous tracerions encore, à la main, des dessins de bison dans des grottes.

À titre de comparaison, l'activité touristique qui représente environ 10 % du budget-temps global des Français a suscité une activité qui produit 7 % environ du PIB.

Le rendement économique au sens strict de la télévision est donc faible. Mais si l'on considère que l'une des missions les plus importantes de ce média, qui touche indifféremment tous les âges, toutes les classes sociales, est de produire du consensus, de dégager un terrain de rencontre social, de lutter contre l'ennui en permettant d'éviter les conflits, de diminuer la délinquance, de reproduire la force de travail, et d'assurer la stabilité des couples, ce n'est effectivement pas bien cher payé : dans cette optique, la télévision devient donc un facteur essentiel de la stabilité d'une société, à moindre coût, et à ce titre ne serait pas prête à trouver des remplaçants.

# Conclusion

Au terme de ce panorama, nécessairement simplificateur, de l'économie de la télévision, on peut proposer au lecteur de conserver à l'esprit quatre idées.

• À la différence du marché de l'automobile, par exemple, qui fonctionne à peu près de la même façon dans la plupart des pays, la situation de l'audiovisuel mondial est très hétérogène. Ce ne sont pas seulement les réglementations qui diffèrent, mais aussi le type d'entreprises et même la nature des programmes ou la fonction sociale jouée par la télévision qui varient sensiblement. Malgré tout, on peut en première approximation ordonner cette diversité autour de trois « modèles » : celui des *networks*, celui de l'audiovisuel d'État, enfin celui de la télévision de pénurie.

• Dans les trois cas, il faut prendre le recul nécessaire pour saluer la réussite exceptionnelle, technologique et économique, de la télévision. Cinquante ans après ses débuts, elle n'a pas encore épuisé son potentiel d'innovations techniques, et partout dans le monde elle conserve une importante marge de progression économique. Il s'agit d'une activité à la fois dominatrice (des autres médias, du temps disponible) et dynamique.

• Cependant, c'est un tout petit secteur. En France, la télévision, directement et indirectement (c'est-à-dire y compris la fabrication et la vente des matériels, entre autres),

116

fait vivre moins de personnes qu'il n'y a d'actifs dans la centième ville du pays, Agen ou Laval. Même l'énorme système audiovisuel américain a des ressources inférieures à celles, par exemple, du système de prestations sociales pour la région Ile-de-France. Cette petite taille explique en même temps le caractère extrêmement agité des marchés de l'audiovisuel : une légère brise y est souvent prise pour une tempête, et un nouvel entrant dans le secteur peut aisément (à l'échelle des groupes industriels et financiers) y acquérir des positions très importantes.

• À l'échelle mondiale, deux phénomènes vont dominer la prochaine décennie : la dissolution des modèles européens au profit du modèle américain et la croissance à la fois extensive et intensive de la télévision dans le tiers monde. À ces deux mouvements, le développement des satellites apportera une importante contribution, mais on aurait tort de surestimer le poids des innovations technologiques de produit. Les innovations de procédés et surtout celles qui permettront la poursuite de la baisse des coûts des téléviseurs devraient être plus lourdes de conséquences à l'échelle internationale.

Au total, l'économie de la télévision est plutôt petite, prospère, dynamique, et elle est sur la voie d'une mondialisation dans laquelle les tendances vers plus d'uniformité l'emportent sur celles qui la conduisent à plus de diversité. Ce tableau, qui pourrait être politiquement inquiétant, serait économiquement rassurant si l'on n'avait pas vu que le système comprend certaines contradictions internes dangereuses pour sa survie.

En restreignant le propos aux pays occidentaux, on constate que la machine télévisuelle est puissante mais à faible rendement. Pour gagner quelques points d'audience, il faut sans cesse l'alimenter de programmes plus coûteux. En régime concurrentiel, les grandes télévisions sont amenées, pour augmenter leurs recettes, à multiplier des « opérations spéciales » dont la rentabilité est au mieux nulle à terme. Tout cela est destructeur de l'environnement de la télévision même si, tant qu'il existe encore des marges de croissance globale de l'audience, cela ne se traduit pas immédiatement par une baisse des résultats financiers. Le système télévisuel devra raccourcir ses circuits de financement, et à ce titre les télévisions payantes préfigurent l'avenir. Mais elles ne font que le préfigurer et l'on peut penser que la télévision de demain n'est pas encore née. Elle devra attendre la généralisation (et le rodage) des réseaux câblés interactifs pour s'inventer. D'ici là (entre 1995 et 2005 selon les pays occidentaux), la télévision classique pourrait bien connaître son apogée et quelques premières grosses difficultés.

À l'uniformisation des modes de régulation des marchés devrait correspondre une différenciation des entreprises, dans le prolongement du système actuel des réseaux américains. La télévision de flux devrait se séparer plus encore de celle fondée sur l'exploitation des programmes de stock, les producteurs s'éloigner encore des diffuseurs. En outre, l'évolution des modes de vie (ménages plus petits et plus instables, croissance du temps libre), de la démographie (vieillissement), ou certaines tendances sociales lourdes (mutation des rôles respectifs des femmes et des hommes, par exemple) posent des problèmes difficiles aux programmateurs. La télévision commerciale a fondé son succès sur une base sociologique qui s'effrite : le ménage moyen — un actif, deux enfants, habitant une grande agglomération — tend à s'évanouir. À sa place, les traits qui se dessinent des sociétés occidentales de la fin du siècle — plus de vieux, plus de célibataires, un éparpillement des « looks » et des ménages — ne sonnent peut-être pas le glas de la télévision de masse, mais il est bon de se souvenir que dans les années quarante le cinéma aussi était sûr de l'éternité de son public.

# Glossaire

*Coût aux mille (contacts) :* unité de mesure pour les publicitaires du coût des espaces.

*Cryptage :* mode d'émission d'un programme exigeant un décodeur pour le téléspectateur.

*Journée du téléspectateur :* elle se décompose en tranches horaires d'inégale valeur économique pour l'annonceur et le programmateur. On distingue le *prime time* (18-22 h). C'est au *prime time* qu'une chaîne de télévision généraliste obtient contre 70 % et 80 % de son audience et de ses recettes publicitaires. Le *day time* (6 h-17 h) correspond à la télévision du matin et aux programmes de l'après-midi, faiblement attractifs pour les annonceurs. Le *late evening* (après 22 h) touche la population des couche-tard. Pour une tranche horaire donnée, on peut isoler des *peak time*, qui sont, comme leur nom l'indique, des moments où l'audience est maximale (exemple : milieu du journal télévisé).

*Network* (ou réseau) : l'un des modes d'organisation économique d'une chaîne de télévision. Un *network* est composé d'une station mère ou tête de réseau, reliée par voie hertzienne à des stations affiliées : sur une base contractuelle, la tête de réseau fournit aux stations des programmes en échange de quoi elle dispose d'une partie de leurs espaces et recettes publicitaires.

*Part d'audience* (d'une émission ou d'une chaîne) : proportion des téléspectateurs effectifs ayant regardé un programme ou une chaîne.

*Pénétration :* part des téléspectateurs potentiels ayant regardé un programme.

*Producteur :* dans une chaîne, c'est le responsable administratif d'une émission (sans pour autant, comme au cinéma, que cela engage sa responsabilité financière). C'est également une société de production chargée de la réalisation technique du produit (en France, on parle alors de producteur exécutif).

*Programme de flux — programme de stock :* un programme de flux voit sa valeur économique détruite après sa première diffusion (émissions d'actualités, émissions de plateau...). Un programme de stock au contraire pourra donner lieu à une seconde diffusion sans grands risques d'échec en termes d'audience : films, documentaires...

*Régie publicitaire :* entreprise intermédiaire, juridiquement autonome ou intégrée au support, chargée de collecter des recettes publicitaires pour le support (ici la chaîne de télévision).

*Stantard :* mode de codage du signal télévision couleur, lui même composé de trois éléments : le son, le signal de luminance (signal NB), le signal de chrominance (couleur). Dans le monde, coexistent trois standards, le PAL, le SECAM et le NTSC offrant des définitions d'image de plus ou moins bonne qualité.

*Station :* élément physique du réseau (ou *network*) où s'opère la diffusion locale des programmes.

*Stations « O and O » :* stations d'un réseau américain possédé par la maison mère. Aux États-Unis, la réglementation limite le nombre de stations « O and O » (12 stations désormais).

*Talk show :* émission, débat confrontant un animateur et des invités dont la télévision française s'est fait une spécialité avec *Apostrophes, Droit de réponse*...

*Télévision haute définition :* l'écran actuel de télévision comporte 625 lignes (standard PAL et SECAM) ou 525 lignes (standard NTSC). Avec plus de 1 200 lignes, l'image haute définition sera alors comparable en qualité à celle du cinéma en 35 mm.

*Union européenne de radiodiffusion (UER) :* organisme créé dans les années soixante, regroupant les télévisions de service public européennes. Il gère notamment les échanges d'éléments d'actualité entre les pays membres qui sont ensuite insérés dans les journaux télévisés.

*Zapping :* comportement du téléspectateur qui consiste à agir sur sa télécommande pour changer de chaîne. Des études directes menées en Grande-Bretagne montrent qu'un téléspectateur agit en moyenne 38 fois/heure sur son levier de télécommande au *prime time*.

# Bibliographie sélective

### Économie de la télévision

KOPP P., *Télévisions en concurrence*, Anthropos, Paris, 1990.
LE DIBERDER A., COSTE-CERDAN N., *Briser les chaînes*, La Découverte, Paris, 1988.
*Pouvoirs*, « L'argent de la télévision », n° 51, PUF, Paris, 1989.

### Les programmes de la télévision

*Cinémaction*, « Les feuilletons télévisés européens », *Cinémaction/Télérama*, n° 57, octobre 1990.

### Sociologie de la télévision

BERTRAND G., DE GOURNAY Ch., MERCIER P.-A., *Fragments d'un récit cathodique*, CNET, novembre 1988.
POSTMAN N., *Se distraire à en mourir*, Paris, 1987.
WOLTON D., *Éloge du grand public*, Paris, 1990.
*Communications*, « Télévisions en mutation », n° 51, Le Seuil, Paris, 1990.
*Réseaux*, « Sociologie de la télévision », janvier 1991.

### Histoire de la télévision

BOURDON J., *La Télévision sous de Gaulle*, Anthropos, Paris, 1990.

ROYÉ M., MOUJENOT J., MAYER J., *La Télévision des allumés*, Aubier, Paris, 1988.

### Esthétique de la télévision

DANEY S., *Le Salaire du zappeur*, Stock, Paris, 1988.

LE DIBERDER A., *Télévisions de l'Europe*, Éditions de la réunion des musées nationaux, 1990.

### Trois romans sur la télévision

DRUCKER M., *La Chaîne*, Le Livre de poche, Paris, 1987.

PILHES R.V., *La Médiatrice*, Albin Michel, Paris, 1989.

SPINRAD N., *Jack Barron et l'éternité*, J'ai lu, Paris, 1969.

### Une BD sur la télévision

MARGERIN F. et *al.*, *La Télé*, Les Humanoïdes associés, Paris, 1989.

### Les professionnels de la télévision

BOURGES H., *Une chaîne sur les bras*, Le Seuil, Paris, 1987.

CHALVRON-DEMERSAY M., PASQUIER D., *Drôles de stars*, Aubier, Paris, 1990.

DAGNAUD M., MEHL D., *Patrons de chaînes, Réseaux*, CNET, Paris, 1990.

VIRIEU P.H. DE, *La Média-cratie*, Flammarion, Paris, 1990.

**Télévisions du monde**

MARIET F., *La Télévision américaine*, Economica, Paris, 1990.

MUSSO P., PINEAU G., *La Télévision en Italie*, INA/La Documentation française, Paris, 1990.

**Revues françaises**

*Médias-pouvoirs*
*Réseaux*
*Décisions Média*
*Le Film français*
*Sonovision*

**Revues étrangères**

*Variety*
*Broadcast*
*Journal of Communications*
*Channels*
*TV World.*

# Table

# LA COLLECTION "REPÈRES"

£7.70

**LA COLLECTION "REPÈRES"**
*(suite)*

**This book is to be returned on or before
the last date stamped below.**